地方本科院校培养
创新型应用法治人才的探索

张先友　著

湘潭大学出版社
XIANGTAN UNIVERSITY PRESS

前言

2007年，我校几经辛苦申报成功的法学专业正式开始面向全国招生，与此同时作为法学院的一名教师及教学副院长，我也开始了对法律人才培养的思考与探索。我的引路人是我校法学院的刘放鸣教授，他是我校法学院的老院长，一位德高望重且有浓郁法学教育情怀的教授。如何使法学院培养的法律人才更好地适应社会发展的需要，这个问题一直萦绕在老院长心头。

自党的十五大提出建设社会主义法治国家以来，我国法治事业就在不断向前推进，并取得了长足的发展，社会对法治人才的需求也在日益增多。当然，社会对法治人才的需求不仅有数量上的要求，更有质量上的要求。但现实的情况是，一方面随着社会不断发展，法律实务部门对法学人才的需求量增大；另一方面，随着法学教育的迅速扩张，法学院培养的大批法学人才，却大都难以达到法律实务部门所需法律人才的要求。

问题的症结在哪？行业专家一语中的，我国法学教育“重理论教学、轻实践教学”，学生法律实务能力弱，不能适应法律实务部门工作的需要。问题的实质是什么？是对法学教育的基本问题，即法学教育中最核心、最重要的问题没有搞清楚。“为谁培养人、培养什么人、怎样培养人"，这是我国高等法学教育的根本问题。解决问题的出路在哪？答案是改革，即通过改革培养应用型法治人才。

邵阳学院法学专业在开办伊始，就坚持与地方法律实务部门合作培养应用型法律人才。2012 年，湖南省教育厅进行专业综合改革试点，我校法学专业成为湖南省教育厅首批试点专业。沐浴着湖南省专业综合改革试点的春风，我们充分利用邵阳市丰富的法学教育资源，与地方法律实务部门进行人才培养方面的深度合作，构建了以"六共同"为内涵的校地协同培养应用型法治人才的人才培养模式，即校地双方共同修订人才培养方案、共同建设师资队伍、共同编写特色教材、共同指导学生专业实习、共同进行实务课教学、共同指导学生竞赛和毕业论文等。几年的改革实践证明，这一探索思路是正确的，我校法学专业教学效果明显提高。2013—2016 年间，学生法律职业资格考试年均通过率在 45%以上，学生进入法律实务部门工作适应能力强，地方法律实务部门对我校法学专业毕业生的用人满意度在 95%以上。我校法学专业与地方法律实务部门深度合作培养应用型法律人才取得了可喜的成绩，2015 年 12 月 25 日的《中国教育报》以"'大众'专业这样成为品牌专业"为题对我校法学专业的办学模式进行深度报道，2016 年，我们进一步总结办学经验，以《地方院校与法律实务部门联合培养应用型法律人才的研究与实践》申报湖南省教学成果奖，获省级教学成果奖一等奖。此后，我们继续深入探索，特别是在专业实习中充分利用地方法学教育资源相对丰富的优势，在邵阳市 485 名员额法官中遴选了 130 名法官作为学生司法实习的指导老师，保证每届 120 余名学生在邵阳市（含 12 个县市区）内法院专业实习中实行"一对一"（即在司法实习中，全程有 1 名法官指导 1 名学生实习）指导。2019 年，在湖南省普通高校本科专业综合评价中，我校法学专业获湖南省法学专业 A 类，同年，我校法学专业又被确定为湖南省一流本科专业建设点。社会的认可充分证明我们培养应用型法律人才的改革方向是正确的，改革成效也是显著的。

时代在进步，社会在发展。近年来随着我国经济社会的发展，特别是党的十八大以来，以习近平同志为核心的党中央推进全面依法治国，建设社会主义法治国家，提出坚持依法治国、依法执政、依法行政共同推进，坚持法治国家、法治政府、法治社会一体建设，对我国法学教育又提出了新的更高要求。我国法学教育面临更多新的挑战，其主要表现有：

一是法学教育的规模越来越大，但人才培养的质量却不尽如人意。法学专业虽为国家控制布点专业，但自20世纪90年代以来，法学教育仍呈井喷式发展，目前全国共有600余所院校开设法学专业，每年法科毕业学生都在10万人以上，法学专业学生就业已趋于饱和状态。然而法学教育界对法学教育到底是职业教育还是通识教育、是“精英教育”还是通才教育等一系列问题仍没有形成定论，对我国法学教育的教学质量标准、人才培养规格等问题仍没有形成统一的认识，法学院校培养的法学人才并不能完全适应我国法治建设实践的要求。

二是经济社会的发展、科技的发展对法治的更高要求对我国法学教育提出了新的挑战。比如在民事法律领域，随着网络信息技术的发展，人们的交流交往、生活方式发生了很大的变化，在网络世界里，人们既可以交流，也可以从事各种商事活动，网络金融发展迅速；又如，随着人们生活水平的提高，人的心智成熟的时间也大大提前，现在七八岁的小孩的心智就比较成熟了，他们完全有从事与其年龄相适应的民事活动的行为能力；又如，在刑事法律领域，随着计算机技术的发展，网络犯罪的比率越来越高，且犯罪手段越来越高明，网络诈骗、网络偷盗、网络黑客入侵等各种形式的犯罪层出不穷。这一系列的新变化，如果仍以传统的法律思维来处理，断难调整这一系列复杂的关系。因此，必须以创新的法律思维、创新的法律方法才能解决这一系列复杂的问题。

三是科学技术的发展极大改变了人们的生活方式，给人类伦理、生活秩序等带来严峻的法律挑战。例如，随着“克隆”技术的发展，人们能够以一定的遗传基因为“母体”，利用克隆技术分裂形成新的细胞，新的细胞因带有母体的遗传基因而具有与母体相同的外表和同样的遗传基因。这种技术如果被滥用，生态灾难将不可避免。又如，随着AI技术的发展，各种“智能”机器人被发明出来，这些机器人有的还能“创作”诗词、小说等文学作品，那么这些作品的产权归属如何确定？又如，AI技术的发展催生了无人驾驶技术，如果无人驾驶汽车出了事故，责任由谁承担？又如何划分？又如，随着现代科学技术的发展，现代交通工具的功能发生了巨大变化，陆海空共用交通工具也随之产生，我们如何规范这样的交通工具的行驶？又如，随着现代航空航天技术的发展，人类走上太空成为可能，如果有一天，人类能在太空居住生活，那么我们如何对他们进行法律规范？等等。这一系列新问题的产生，不仅对我们的法律规范提出了挑战，而且对法学教育也提出了新的要求。

正是在此背景下，2018年1月，教育部发布了《普通高等学校本科专业类教学质量国家标准》，其中《法学类教学质量国家标准》（以下简称《标准》）指出，“法学类专业教育具有很强的应用性和实践性，在国家民主法治建设中发挥着重要的基础性作用。法学类专业教育是素质教育和专业教育基础上的职业教育。”“法学类专业人才培养应坚持立德树人、德法兼修，适应建设中国特色社会主义法治体系，建设社会主义法治国家的实际需要。培养德才兼备，具有扎实的专业理论基础和熟练的职业技能、合理的知识结构，具备依法执政、科学立法、依法行政、公正司法、高效高质量法律服务能力与创新创业能力，熟悉和坚持中国特色社会主义法治体系的复合型、职业型、创新型法治人才及后备力量。”《标准》中第一次明确将“创新型”作为法学教育培养人才的重要类型之一，这是我国法学教育回应经济社会发展和现代科技发展对高素质法治人才需要的体现。新修订的《法学类专业教学质量国家标准（2021 年版）》则明确应培养“复合型、应用型、创新型法治人才及后备力量”。邵阳学院法学专业于 2017 年启动了新一轮法学教育改革，开展了以“地方本科院校培养创新型法治人才的综合改革试点”为主题的法治人才培养探索，并于 2018 年立项湖南省教育体制改革试点项目。项目组成员在近几年的研究中，充分吸收我校原有办法学专业的有益经验，结合新形势、新情况，瞄准“复合、应用、创新”新要求，进行了一系列教学改革，在探索培养“创新型应用法治人才及后备力量”上取得了一些新成果，积累了一些新经验。

把思维训练作为培养创新型应用法治人才的基础工作。没有创新思维就不可能有创新的动机，也就不可能产生创新的行为；没有法律思维就不能成长为真正的法治人才。因此，通过一定的思维训练，在法科学子的心中播下创新的种子、法治的种子，假以时日，这些种子就能生根、发芽、长大。

扎实的法学专业知识体系、广博的人文社会科学知识与自然科学知识是创新的基础。创新是在既有认识的基础上的再发展，没有广博的知识储备和丰富的实践经验积累，创新就会成为无源之水、无本之木，所谓的创新也会成为一番“炒剩饭”的笑柄。因此，要打下创新的基础，就要让学生在大学法学教育中进行丰富的知识积累，尤其是要让学生提高自我学习能力，养成终身学习的习惯。学习法律是很辛苦的事，光靠热爱是不行的，还应在学习方法上做些文章。从教的方面来讲，通过课堂教学改革，创新教学方法，例如积极开展研讨式、问题式教学，让学生更加深入、更加广泛地参与到教学中来，从而以参与提高学习兴趣，增强学习效果。从学的方面来说，要充分调动法科学生的学习主动性，注重提倡问题式学习方法，让学生从应试教育的学习方式中解放出来，培养学生发现问题、分析问题、解决问题的能力。

实践是触发创新思维的有效载体。高等法学教育必须坚持“理论教学与实践教学并重”，在实践教学中既可以将学生所学法学理论运用于法学实践中，巩固法学理论教学成果，又可以在实践中锻炼法律职业能力，同时，在实践中还可以培养法科学生不断发现新问题、解决新问题的能力。

实验教学是训练创新思维、培养实践创新能力的最佳舞台之一。利用法学实验教学软件，选取虚构或真实案例，一方面在老师指导下习得相关业务技能，训练法律文书写作能力，另一方面，也可利用实验教学训练创新思维，培养实践创新能力。

开展第二课堂活动是培养学生创新能力的又一途径。与课堂教学的严谨性相比，第二课堂活动的开展相对要活泼、灵活得多，这种灵活机动的教学方式，学生们参与其中，相对放得开，师生之间、同学之间交流更多更频繁，其在这些交流中更容易碰撞出思想的火花，更容易产生创新思维。对法学专业学生来说，法律辩论赛、模拟法庭赛、演讲赛、司法文书赛、学生学术活动竞赛等都是第二课堂活动不错的选择。

当然，培养创新型应用法治人才还必须有一支结构合理的优秀教学团队。这支优秀的教学团队应该由学校专业教师、来自法律实务部门的聘任兼职教师以及校外特聘专家组成，专兼结合、校内校外教师的有机结合可以使教师队伍的构成多元化，使教师队伍的知识结构、社会阅历、从事法律工作的经历经验都能达到良好的互补，这样的师资队伍，能为学生良好创新思维的形成、较高创新能力的培养提供有力的保障。

当前，中国高等法学教育的发展迎来了好时代。党的十八大以来，以习近平同志为核心的党中央大力推进全面依法治国，建设社会主义法治国家，法治已成为国家治理体系和治理能力的重要依托，法治人才的培养已成为建设社会主义法治国家的基础性、先导性工程。高等法学教育要适应新时代法治国家建设对复合型、应用型、创新型法治人才及后备力量的要求，紧紧抓住“为谁培养法律人、培养什么样的法律人、怎样培养法律人”这一根本问题，不断推进法学教育综合改革，努力培养一批又一批“德法兼修”“明法笃行”的高素质法治人才及后备力量。

本书为2021年湖南省新文科研究与改革实践项目“以学科交叉融和校地合作为途径的创新型法治人才培养体系探索”以及湖南省教育体制改革试点项目“地方本科院校培养创新型法治人才的综合改革试点”(2019A13)研究成果。

张先友

2022年5月记于邵阳学院七里坪

目 录

第一部分 理论篇

第二部分　实践篇

第一部分

理论篇

第一章

人才培养问题是法学教育的根本问题

当我们谈论法学教育这一话题时，可供我们谈论的主题有很多，例如法学教育的历史发展问题、法学教育的目的问题、法学教育中的教学问题、法学教育中理论教学与实践教学的关系问题、法学教育与法律职业衔接问题、法学教育的未来等等。不管是哪一个主题，其中都有许多问题值得我们去探索、去研究。在这众多的问题中，对法学教育起着重要的、根本性作用的问题，决定着法学教育发展方向，即法学教育的根本问题是法学人才培养问题。

第一节　法学教育的根本问题

一、根本问题

问题是要求我们回答或解释的题目，是需要我们研究讨论并加以解决的矛盾、疑难、关键、重要之点。问题是人类研究的起点，人类就是在不断解决问题的过程中发展进步的。在纷繁复杂的众多问题中，我们一般按问题的重要程度及其在事物发展中的地位和作用，可以把这些问题分为根本问题（有时学者们把根本问题与基本问题等同对待）、基本问题、重要问题、一般问题等。根本问题是指统领全局、起着决定性作用、具有本质意义的问题，是具有根本性、纲领性与中心性的问题，即主要的、根本性的“需要研究、讨论并加以解决的矛盾、疑难”。[1] 基本问题是指有着主要地位、经常对事物发展发挥重要作用的问题。重要问题是指具有重大影响、对事物发展有重要意义的问题。一般问题是指对根本问题、基本问题起支撑作用的一系列具体问题，一般问题的解决对根本问题、基本问题、重要问题的解决起着基础性作用。

在社会科学的各领域中，各学科都有各自的根本问题（基本问题），即该学科中主要的、根本性的重要问题。比如说哲学的基本问题是物质和意识的关系问题，对这一基本问题的回答是哲学上划分唯物主义与唯心主义的根本依据。经济学的基本问题是投入与产出的关系问题，因为这一问题揭示了社会化大生产中各部门之间错综复杂的相互依赖关系，对这一问题的解决是分析和研究社会经济活动的基础和前提。法学的基本问题是正义与非正义的关系问题，因为作为人们交往行为规则的法律，它的作用是规范人们的社会交往活动，而在人们的社会交往活动中，人们所得的正是其应得的，这就是正义的，正义的社会秩序才能得以构建；反之，人们在社会交往过程中通过贪污、贿赂等各种不正当手段获得其所不应当得到的，那些本应得到的人却不能得到，这样的社会就是非正义的社会，非正义的社会必定是混乱的，因为它不利于社会秩序的构建。如此种种，基本问题就是在事物发展过程中起基础性、根本性的作用并需要加以解决的矛盾或疑难。

二、法学教育的根本问题

法学教育的根本问题，是指在法学教育中具有根本性、纲领性与中心性的问题，是在法学教育诸问题中最重要的、起决定作用的问题。要界定这一概念，我们就需要从“法学”“法学教育”“法学教育的根本问题”这三个层面去理解。

（一）法学

法学又称法律学、法律科学，是以法律、法律现象以及其规律性为研究内容的科学，它是研究与法相关问题的专门学问，是关于法律问题的知识和理论体系。作为法律科学的法学，它以法律作为研究对象。虽然自法律、法律现象产生以来，法学家们对于如何界定“法律”一直存在争议，但我们认为，法律作为上层建筑的重要组成部分，是由统治阶级制定和认可的，以权利和义务为内容，并由国家强制力保障实施的行为规范。法律作为统治阶级制定的强制性规范，其直接目的在于维持社会秩序，并通过秩序的构建与维护，实现社会公正。所以，以法律为研究对象的法学，其核心问题就在于对秩序与公正的研究，是秩序与公正之学。

法学作为社会科学，它主要以社会现象作为其重要研究对象，其中主要的研究对象是社会中的法律现象。何谓法律现象？法律现象是指法在现实生活中表现出来的而为人们直接感知的外在形态。法律现象是表面的、多变的，人们通过感官可以感知。法律现象是多种多样的。按照其存在的形式不同，可以把法律现象分为法律观念现象，如法律意识、法制观念、法律文化等；法律规范现象，如各种法律规范、法律部门、法律体系等；法律形式或渊源现象，如习惯法、判例法、制定法等；法律关系现象，如法律关系、法律程序等；法律行为现象，如合法行为、违法行为等；法制现象，如立法、执法、守法、法律监督等。从静态与动态的角度，我们可以把法律现象分为静态的法律现象，如各种法律、法规；动态的法律现象，如法律的制定与实施、法律监督、法律行为、法律关系、法律秩序等。

法学是在研究法律、法律现象的基础上把握法律发展规律的学科。法学的研究对象是法律、法律现象，法学研究的目的是掌握法律发展的规律，并在掌握法律发展规律的基础上更好地运用法律为社会服务。

在中国，法学思想最早源于春秋战国时期的法家哲学思想，法学一词，在中国先秦时代被称为“刑名之学”，从汉代开始又有“律学”的名称。

在西方，古罗马法学家乌尔比安（Ulpianus）对“法学”（古代拉丁语中的 Jurisprudentia）一词的定义是：人和神的事务的概念，正义和非正义之学。

法学作为一门学科，最早是在古罗马诞生的。古罗马的思想家们在继承古希腊法学思想、精神、原则和观念的基础上，顺应古罗马商品经济发展对法学的需要，推动了古罗马法理学和私法学的发展，形成法学学科独特的话语体系，并产生了一大批职业法学家，建立了一批法律学校。因此，正如著名法社会学家埃利希所言：“法学，在历史上原本是关于法的知识、适用法的技术、发展法的手段的总和。”[2]

郑永流先生在写给法学院新生的书中比较通俗地介绍了法学的品性，他认为法学是关乎法律及其运用的学问。也就是说，法学既是关于法律理论的学问，也是关于法律运用的学问。法学是解纷之学，它是研究法律创制、运用的排难解纷的学问。法学作为研究人们交往行为的规范的学科，它是对人们的行为有说服力的学问，是对人们的财产、自由有规范力的学问。他认为，法学不是科学，而是智慧。因为科学解决的是真假问题，法学不是对外部世界的描摹，而是对外部世界的建构。人们不能去“发现”法，只是去“发明”法。[3]

法学发展至今，已成为社会科学中的显学之一，同时也是当今世界各国高等学校普遍开设的学科之一。在全面推进法治中国建设的当代中国，法学受到了人们的广泛关注和重视，它是中国大学设立的十三大学科门类之一，也是学生们普遍喜爱的重要学科之一。在我国高等教育中，以法学作为研究对象的专业很多，在教育部高等教育司编写的《普通高等学校本科专业目录和专业介绍（2012 年）》里，法学门类下设专业类六个，主要包括有法学类、政治学类、社会学类、民族学类、马克思主义理论类、公安学类等。[4] 在社会上，普通老百姓一般习惯性将法学专业称之为法律专业，它是以培养公共法律服务人才为主要目标的专业。

（二）法学教育

法学教育主要是指“一种源于法学院的法律知识传授、法律操作技能培养并与法律职业有关的教育”。[5] 正如法学专业通常被称为法律专业一样，人们一般把法学教育也称为法律教育，如在孙晓楼先生1935年出版的《法律教育》一书中，作者将其多年从事法律教育与法律教育管理之经验、研究之所得，成此著述，论及了法律教育之目的，法律教育之科目，法律教育研究之方法，法律教育之师资、学生、教学硬件、课程编排等各方面，并特别强调要培养“有法律学问、有法律道德、有社会常识”的法律人才，不能只教授学生法律知识，其他如政治学、经济学、哲学、心理学、伦理学、历史学、生物学、人类学等学科都是应该开设的科目，尤其是作为法律专业学生，社会学、会计学、理论法学都应高度重视。所以，从某种程度上说，孙先生在其《法律教育》中所述法律教育中的法律，与今天我们所谈论的社科法学基本相似。

王健教授于2001年出版的《中国近代的法律教育》一书，考察了自19世纪末中国近代法律教育兴起以来我国法律教育发展的情况，包括中国近代法律教育产生的途径、形成过程及基本特征，并对中国近代法律教育思想的兴起与演进进行了介绍和评析。作者基于历史的视角对中国近代法律教育从理论和实践相结合的角度进行了研究，认为“法律教育本身终究是一种培养人的专门活动，而人的成长又是需要一定过程或是周期的，举凡他或她所接受的某种法律训练是建立在怎样的基础教育背景之上，其后来对法律的发展或对社会的贡献如何等等，都应有一个必要的连续性的观察才能看得更清楚些”[6]。正是带着这个目的，王健教授选择从历史的角度研究中国近代的法律教育。

霍宪丹教授认为，法律教育的概念在改革开放之初用得多一些，主要原因在于当时我们恢复高考招生，在高校设置的法学类专业名称就叫法律专业，而不像现在这样称为“法学专业”，而当时的法律专业的人才培养目标主要是培养政法干部，或是对在职政法干部进行培训，或是开展成人法律教育，这种教育有别于培养学术类人才的教育，而是一种培养应用类人才的教育，故称之为“法律教育”。换句话说，法律教育是区别于法学学术人才培养的应用类法律人才教育。他说：“但在自我意识中，一般把培养应用类法律人才定位为法律教育，将培养应用类和学术类法律人才统称为法学教育。”[7] 他认为，“法律教育是从事法律职业的必经之路，法律职业只对那些具有同一教育背景的成员开放。一方面，没有法律教育就没有法律职业，法律教育培养和提升了法律职业素养；另一方面，法律职业决定了法律教育的发展方向和改革目标，法律职业不断丰富着法律教育的内容。……法律教育的主要目标是培养应用类法律人才。”[8]

洪浩等学者对“法律教育”与“法学教育”也进行了一定的区分，认为法学教育特指“国家通过有目的、有计划、有组织地向学生传授系统化的法学理论，培养其法律实践技能，造就从事法律职业人才的活动”。其他的传授法律知识、增强人们法制观念的活动，不能被称为“法学教育”，而宜称之为“法律教育”或“法制教育”。[9]

冀祥德、赵元英、吕升运在其所著的《法律教育学的新发展》一书中认为，“从广义上讲，传授法律知识，增强人们法制观念的教育活动即‘法制教育’或‘普法教育’，也是法学教育的组成部分，这种教育活动与系统的、专门培养法律人才的法学教育之间虽然存在较大差别，但在基本目的、内容和方法上，均有着诸多的共性；而法律教育与法学教育之间并没有严格的界限，对二者进行严格区分并没有太大的意义。”作者认为，“作为高等教育的重要组成部分，法学教育是以传授知识、训练法律思维、培养合格法律专业人才为内容的教育活动。”[10] 如果一定要对法律教育与法学教育二者进行区分的话，法律教育是更侧重于对法律人才实践性技能培养的教育，而法学教育所包含的范围要广得多，它既包括法律应用型人才的培养，又包括法学学术型、研究型人才的培养，所以，法律教育是包含于法学教育之中的。

王晨光教授在其 2016 年出版的《法学教育的宗旨》一书中指出，法学教育具有二重性特点，即法学教育具有职业培训性和学术研究性。一方面，法学教育应当成为培养未来的律师、法官、检察官等法律职业者的职业教育；另一方面，法学教育也应以培养法学学者或法学专家为目的，并因此而在教育过程中教授学生法学理论和鼓励学生进行系统法律知识的研究。作者认为，法学教育内在的二重性是两种相互对立的教育理念的体现，因为这种对立造成了不同法学教育理论、目标、模式、内容和方法。[11] 周汉华教授也持这一观点。[12]

综上，我们可以看出，法律教育与法学教育相比较，二者还是存在诸多不同之处。

首先，二者产生的历史不同。一般认为，法律教育出现的历史比法学教育早，自有法律学习以来，法律教育就产生了，而法学教育则是在正规的大学教育产生后才出现的教育现象。

其次，二者在人才培养的侧重点上有所不同。法律教育主要培养应用型法律人才，其侧重点在于培养人才的法律应用技能，即运用法律规范定分止争的能力；而法学教育除培养应用型法律人才外，还兼有培养法学学术人才、法学研究人才的目标。所以，在这个层面上讲，法律教育的范围要比法学教育的范围小得多。

最后，法律教育与法学教育在培养方式上也有所不同。法律教育在人才培养上除教育学生掌握一定的法律知识外，还侧重于学生法律运用技能的训练，所以，它更重视学生法律运用能力的培养；而法学教育除教育学生掌握系统的法学理论知识外，还要求学生进行比较系统的法学研究训练，以使学生具备一定法学研究能力和学术能力。

当然，作为教育现象的法学教育与其他教育现象相比，它也有其自身的特点。首先，法学教育有其自身的教学规定性，如教学内容、教学方法、教学条件、学制、教学对象、课程体系设计等。其次，法学教育作为一种教育现象，它又不能脱离教育所具有的诸多自身特征，它应遵循教育的一般规律。最后，法学教育作为一种社会存在，它有自己的教育使命，它必须为社会秩序的构建和维护培养法治人才。

改革开放以来，我国学者把在法学院对所培养人才进行的法律方面的知识传授、法律实务能力培养、法律研究能力培养的教育习惯性地都称为法学教育。这种法学教育既偏重于法律学术能力培养，同时又不放弃对受教育者法律实务能力的训练，它不仅关注法学教育与法律职业的联系，而且更关注受教育者对整个社会的适应能力、影响和作用。[13] 所以，我们可以简单地说，法学教育就是一种以培养法治人才为目的的法律教育，它既关注学习者对法律知识的掌握，也关注学习者对法律实务技能的掌握，当然也关注学习者的法律思维、法律职业能力、法律伦理的教育等。

（三）法学教育的根本问题

毛泽东同志曾在1939年《〈共产党人〉发刊词》中写道，“统一战线、武装斗争、党的建设”是中国共产党在中国革命中的三个基本问题、三个主要法宝。确实，中国共产党在领导中国革命的过程中，面临许多问题，如革命性质问题、革命对象问题、革命领导力量与依靠力量问题、革命的方式问题、革命道路问题、革命前途问题等等，在这一系列的问题中，为什么毛泽东同志认为“统一战线、武装斗争、党的建设”三个问题才是中国革命的基本问题呢？这是因为中国革命是在半殖民地半封建的旧中国进行的，反动统治势力相当强大，如果革命力量不结成强大的联盟，我们就没有足够力量战胜武装的反革命；又因为旧的统治势力掌握着旧的国家政权，掌握着旧的反革命武装，所以中国共产党领导的革命必须要以武装的革命反对武装的反革命；而党的组织则是掌握统一战线和武装斗争这两个武器以实行对敌冲锋陷阵的英雄战士。在中国革命中，只有在中国共产党的领导下，掌握强大的革命武装，团结一切反对帝国主义、封建主义和官僚资本主义的广大同盟军，中国革命才能最终取得胜利。正因为“统一战线、武装斗争、党的建设”三个问题在中国革命中的重要地位、对中国革命的胜利起着根本性的决定作用，所以，毛泽东同志才把它们称为“三个基本问题”“三个主要法宝”。

旨在培养法官、检察官、律师等法律人才和法学学术、法学研究人才的法学教育是个复杂的系统工程，它所涉及的问题很多，诸如教学目标问题、教学的组织形式问题 、教学课程体系构建问题、教学方式方法问题、教学管理问题、教学资源问题、教学队伍建设问题、对外交流问题等等。这些问题都是法学教育应该关注并要求解决的问题，然而在这众多的问题中，法学教育的目标问题是更具有根本性、纲领性和中心性的问题，因而是法学教育的根本问题。

所谓目标，一般是指我们要达到的目的或要达到的标准。法学教育的目标即我们在从事法学教育中所要达到的目的或所要达到的标准，通俗地说，就是人才培养的问题，即法学教育“为谁培养人、培养什么人、怎样培养人”的问题，这个目的或标准是我们进行法学教育的行动指南，因而是法学教育的根本问题。

第一，法学教育的目标问题在法学教育的众多问题中具有根本性。如上所述，法学教育牵涉的问题很多，既有教育目标问题，也有与教育教学相关的其他问题，但在众多的问题中，教育目标问题是所有问题中最主要的问题。借用哲学上主要矛盾和次要矛盾关系理论，法学教育的目标问题是由法学教育众多矛盾中最主要矛盾或根本矛盾决定的，我们抓住了法学教育目标这个主要矛盾，就抓住了法学教育的关键。所以，法学教育目标问题的解决状况将直接关系到法学教育其他问题的解决，并将最终决定法学教育的成败。

第二，法学教育的目标问题具有纲领性。如前所述，法学教育涵盖的问题很多，但这众多的问题都是由法学教育目标问题衍生出来的。在法学教育中，围绕着“为谁培养人、培养什么人、怎样培养人”这一根本目标，我们在法学教育的资源配置、课程设置、教学方法的运用、教学队伍的选择等各个方面都会有不同的安排。可以这么说，法学教育目的不同，它所衍生出来的法学教育问题就不同。例如，在中国封建社会培养法律人才的教育中，不论是东汉诸大儒作章句注释，聚徒授业；还是唐宋国子监里读经习律；抑或是清代州县衙门里的拜师学幕，他们都是在为封建统治者培养法律人才，他们培养的人无非是能断狱止讼、维护封建政权的人才；至于培养的方式问题，在法律，特别是法学教育还只是少数人的垄断物时，法学教育规模有限，教学内容有限，教学方式单一，教学管理相当简单。时至今日，特别是党的十八届四中全会以来，全面依法治国战略的推进对法治人才队伍建设提出了新的更高要求。党的十八届四中全会通过的《中共中央关于全面推进依法治国若干重大问题的决定》明确提出，必须大力提高法治工作队伍思想政治素质、业务工作能力、职业道德水准，着力建设一支忠于党、忠于国家、忠于人民、忠于法律的社会主义法治工作队伍。[14] 培养创新型应用法治人才已成为今天我们法学教育的目标，围绕培养创新型应用法治人才这一教育目标，我们就要在师资队伍建设、理论课程体系设置、实践课程体系构建、教学条件建设、实践教学基地建设、教学方式的选择等多个方面进行全方位思考。所以，法学教育目标问题是法学教育的纲，纲举才能目张，只有抓住了法学教育目标这个根本问题，才能顺利解决法学教育中的其他问题。

第三，法学教育目标问题具有中心性。法学教育中“为谁培养人、培养什么人、怎样培养人”既是其根本性问题，又是其众多问题中的具体纲领问题，由此也决定了它是法学教育的中心问题。一方面，法学教育围绕“为谁培养人、培养什么人、怎样培养人”这一根本问题，衍生出了一系列为这一根本问题解决服务的问题，诸如我们前面所讲的教学队伍建设问题、教学条件建设问题、课程设置问题、教学改革问题、教学评价问题等；另一方面，法学教育中一系列问题的解决，最终都是为解决“为谁培养人、培养什么人、怎样培养人”这一根本问题服务的。所以，我们说法学教育中“为谁培养人、培养什么人、怎样培养人”的问题是众多问题中最重要的问题，是贯穿法学教育的核心问题，即中心问题。

第二节　法学教育根本问题的内涵

法学教育根本问题即法学教育的目的问题，具体讲就是“为谁培养人、培养什么人、怎样培养人”的问题，这个问题既是法学教育的根本问题，也是法学教育的核心问题，是从事法学教育的人首先必须思考并予以解决的问题。这一根本问题由法学教育“为谁培养人”“培养什么人”

"怎样培养人"三个子问题组成，是法学教育目标中具有严密逻辑关系的统一整体，是目的、内容、途径的统一体。

一、为谁培养人：高等法学教育的根本任务

"为谁培养人"的问题讲的是我国高等教育的根本任务问题。我国高等教育的根本任务是立德树人，培养德智体美劳全面发展的社会主义建设者和接班人。

立德，就是培养学生良好的品德、高尚的操行、正确的价值观。高等教育要坚持五育并举、德育为先，以正面教育引导学生、感化学生、激励学生。树人，就是培养人才，高等教育要坚持育人为本，以正确的教育来培养人，把一代代大学生培养成为对党、对国家、对人民、对中国特色社会主义事业有用的人。我们办的是社会主义教育，落实立德树人根本任务，就是要努力培养社会主义事业的建设者和接班人。我们的教育必须坚持为人民服务、为中国共产党治国理政服务、为巩固和发展中国特色社会主义制度服务、为改革开放和社会主义现代化建设服务。[15]

党的十八大以来，习近平总书记多次强调并论述了我国高等教育的根本任务是立德树人。2016 年 12 月 7 日至 8 日，习近平总书记在全国高校思想政治工作会议上的讲话中指出，"高校立身之本在于立德树人。只有培养出一流人才的高校，才能够成为世界一流大学。"2018 年 5 月 2 日，习近平总书记在北京大学师生座谈会上的讲话中指出："人无德不立，育人的根本在于立德。这是人才培养的辩证法。办学就要尊重这个规律，否则就办不好学。"2019 年 1 月 17 日，习近平总书记在南开大学考察时指出，学校是立德树人的地方。爱国主义是中华民族的民族心、民族魂，培养社会主义建设者和接班人，首先要培养学生的爱国情怀。高校党组织要把抓好学校党建工作和思想政治工作作为办学治校的基本功。2020 年 4 月 22 日，习近平总书记在西安交通大学考察时指出，"西迁精神"的核心是爱国主义，精髓是听党指挥跟党走，与党和国家、与民族和人民同呼吸、共命运，具有深刻现实意义和历史意义。要坚持党对高校工作的全面领

导，坚持立德树人，建设高素质教师队伍，努力培养更多一流人才。2021年3月25日，习近平总书记在考察闽江学院时也指出，要把立德树人作为根本任务，坚持应用技术型办学方向，适应社会需要设置专业、打好基础，培养德智体美劳全面发展的社会主义建设者和接班人。同年4月19日在清华大学考察时的讲话中，习近平总书记又指出，要想国家之所想、急国家之所急、应国家之所需，抓住全面提高人才培养能力这个重点，坚持把立德树人作为根本任务，着力培养担当民族复兴大任的时代新人。2022年4月25日，习近平总书记在中国人民大学考察调研时又强调，"'为谁培养人、培养什么人、怎样培养人'始终是教育的根本问题。要坚持党的领导，坚持马克思主义指导地位，坚持为党和人民事业服务，落实立德树人根本任务，传承红色基因，扎根中国大地办大学，走出一条建设中国特色、世界一流大学的新路。"[16]

我国高等法学教育落实"为谁培养人"的根本任务，就是要坚持为党育人、为国育才的根本指导方针，要按照习近平总书记在中国政法大学考察时的重要讲话精神办好法学教育，为建设社会主义法治国家培养高素质的法治人才及后备力量。习近平总书记在考察中国政法大学时强调，全面推进依法治国是一项长期而重大的历史任务，要坚持中国特色社会主义法治道路，坚持以马克思主义法学思想和中国特色社会主义法治理论为指导，立德树人，德法兼修，培养大批高素质法治人才。[17]

二、培养什么人：高等法学教育人才培养的基本遵循

习近平总书记在全国教育大会的讲话中指出，"培养什么人"是教育的首要问题。我国是中国共产党领导的社会主义国家，这就决定了我们的教育必须把培养社会主义建设者和接班人作为根本任务，培养一代又一代拥护中国共产党领导和我国社会主义制度，立志为中国特色社会主义奋斗终身的有用人才。[18]

就高等法学教育来说，"培养什么人"指的是高等法学教育培养的人才的规格和标准。教育部颁布的《法学类专业教学质量国家标准（2021年

版)》为高等法学教育设定了标准和规格，使得法学教育有了基本的遵循。这些规格包含所培养人才的学制与学位、知识要求、能力要求、素质要求等内容。

法治人才培养要坚持德法兼修、明法笃行。习近平总书记指出：“希望法学专业广大学生德法兼修、明法笃行，打牢法学知识功底，加强道德养成，培养法治精神，而且一辈子都坚守，努力用一生来追求自己的理想。”[19]

高等法学教育培养法治人才及后备力量，首先要培养学生的思想道德素养。《法学类专业教学质量国家标准（2021 年版）》对高等法学教育培养人才的思想道德素养提出了要求，即“热爱祖国，热爱社会主义，拥护中国共产党的领导，掌握中国特色社会主义理论体系，牢固树立正确的世界观、人生观、价值观。……养成良好的道德品格、健全的职业人格、强烈的法律职业认同感，具有服务于建设社会主义法治国家的责任感和使命感。”法治人才及后备力量的思想政治素质和道德品质的高低直接决定着中国特色社会主义法治建设的成败，必须高度重视。

其次，是要提高学生的法学知识水平。法律人的职业是专业性非常强的职业，它要求其了解人文社会科学和自然科学的基础知识，牢固掌握本专业的基本知识和基本理论，并形成合理的整体性知识结构。

再次，是要提高学生的法律职业技能。法律人的职业是具有很强实践操作性的职业，它要求法律人必须掌握将所学专业理论与知识融会贯通、灵活运用于专业实务中的基本技能，具备利用创造性思维方法开展科学研究工作和创新创业实践的能力。在现代信息技术高度发达、计算机已成为人们工作的一个基本工具的时代，法律人也应具备一定的计算机操作技能；在全球化趋势日益深入、涉外法律业务不断增多的形势下，高等法学教育培养的高素质法治人才及后备力量还应掌握较高的外语水平等。

最后，高等法学教育要通过大学 4 年左右的人才培养，努力培养德才兼备，具有扎实的专业理论基础和熟练的职业技能、合理的知识结构，具备依法执政、科学立法、依法行政、公正司法、高效高质量法律服务能力和创新创业能力，坚持中国特色社会主义法治体系和熟悉国际规则的复合型、应用型、创新型法治人才及后备力量。

三、怎样培养人：高等法学教育培养法治人才及后备力量的路径

“怎样培养人”的问题实际上是关于人才培养路径的问题，即采取什么办法，运用什么方式来培养符合规格要求的人。这几个问题由一条红线贯穿，这条红线就是我们通常所说的人才培养的 OBE 导向，即产出导向。高校作为人才培养的第一阵地，高校法学教育在法治人才培养中发挥着基础性、先导性作用。围绕着培养创新型应用法治人才及后备力量的人才培养目标，高等法学教育要直面我国法治人才培养中存在的问题，深化高等法学教育改革，努力探索高素质法治人才及后备力量培养的新路径。

第一，要直面法治人才培养中存在的问题。2017 年 5 月 3 日，在考察中国政法大学时，习近平总书记在肯定了我国法学教育和法治人才培养取得显著成果的同时，也指出了我国高等法学教育和法治人才培养中存在的一些问题，主要有“学科结构不尽合理，法学学科体系、课程体系不够完善；社会亟需的新兴学科开设不足，法学学科同其他学科交叉融合还不够，知识容量需要扩充；有的学科理论建设滞后于实践，不能回答和解释现实问题；有的教材编写和教学实施偏重于西方法学理论、缺乏鉴别批判，对中国特色社会主义法治理论研究不够深入；有的法学教育重形式轻实效、法治人才培养重专业轻思想政治素质，等等。”[20] 在具体的教学方法上，以理论灌输、法条解读为主的教学内容，老师讲、学生听的单向性教育方式，重理论教学轻实践教学等做法都严重阻碍了高素质法治人才培养目标的实现。我们应直面法学教育中存在的问题，为我国法学教育的进一步发展提供努力方向。

第二，深化高等法学教育综合改革。应以问题为导向，全面加强高等法学教育综合改革，提高法治人才培养质量。要与法律实务部门协同合作，共同修订人才培养方案，适应创新型应用法治人才及后备力量培养的需要，打造一支结构合理、专兼结合、数量够用、素质较高的教学队伍；

以培养学生问题意识、创新思维，提高学生学习效率为目标，加强课堂教学改革，变传统灌输式教学为启发、探究式教学；充分利用地方法学教育资源，建设一批学生法律实务技能培养能力较强的法学实践教育基地，坚持实践教学全面落实落地；完善中国特色社会主义法学学科体系，发挥法学学科渗透力强的特点，大力发展法学交叉学科，充分发挥法学学科体系建设对创新型应用法治人才及后备力量培养的作用。

第三，创新人才培养模式。立足中国大地办好法学教育，充分利用地方法学教育资源培养法治人才，走一条“高校+地方”协同培养法治人才及后备力量的人才培养道路。法学院校要主动走出校门，积极寻求与地方法律实务部门密切合作、共同培养法治人才的途径。实施高校教师与地方法律实务部门法律专家互聘制度，让各法律实务部门法律专家承担学生实务课教学与学生实习指导任务；充分利用地方法学教育资源，为学生专业实习开拓充分的实习基地；聘请校外法律实务部门法律专家，使其积极入校开设实务讲座，在丰富学生第二课堂教学中培养学生创新创业能力、提高学生法律实务能力；积极探索法学教育人才培养质量第三方评价机制，不断改进法学教育培养方式等。

总之，“为谁培养人”的问题揭示了我们培养的法治人才及后备力量的服务导向，即我们培养的法律人满足社会需求的问题，我们培养的法治人才及后备力量要为谁服务、在哪里服务、服务什么。“培养什么人”指的是党和国家在建设中国特色社会主义法治国家中需要什么规格的法治人才及后备力量，从事中国特色社会主义法治国家建设的法治人才及后备力量应具有什么样的知识素质、思想素质、能力素质等。“怎样培养人”指的是用什么方法和途径来培养符合建设中国特色社会主义法治国家的法治人才及后备力量，即具备建设中国特色社会主义法治国家素质要求的法治人才及后备力量应怎样培养。三个问题一环紧扣一环，构成了我国法学教育人才培养目标的整体，缺一不可。因此，我国法学教育的目标问题也就成为我国法学教育实施的逻辑起点。

正是由于法学教育的培养目标问题是事关法学教育为什么必要、为什么重要等一系列重大问题中的核心问题，是法学教育中根本性的、纲领性的、中心性的问题，因此，我们认为，“为谁培养法律人、培养什么样的法律人、怎样培养法律人”的问题是法学教育的根本问题。

第三节 树立法学教育根本问题意识的意义

了解和把握根本问题，就抓住了事物的关键和中心，就明确了事物发展的方向，从而明确了事物发展的路径。所以，在法学教育中，对法学教育根本问题的把握，对于我们在新时代把握我国法学教育发展的方向，明确新时代我国法学教育的地位和作用，探索新时代我国法学教育改革发展的方向，进而更好地为中国特色社会主义法治国家建设培养高素质的法治人才及后备力量具有十分重要的意义。

第一，树立法学教育根本问题意识，准确把握法学教育“为谁培养人”的问题，有利于我们进一步明确新时代法学教育的目的和任务，明确新时代我国高等法学教育的使命担当。新时代我们的法学教育是在中国共产党领导下，在伟大的社会主义国家进行的法学教育。法学教育必须承担起为党育人、为国育才的使命。我们所培养的人才必须能担负得起为建设中国特色社会主义法治国家贡献力量的使命担当。因此，新时代法治人才及后备力量的培养必须坚持中国共产党的领导，并着力在坚定理想信念、厚植爱国情怀、加强品德修养、增长知识见识、培养奋斗精神、增强综合素质上下功夫，培养担当民族大任的时代新人。[21]

第二，树立法学教育根本问题意识，准确把握法学教育“培养什么人”问题，可以帮助我们科学定位新时代我国法学教育人才培养规格。当前我国法学教育正处于大变革、大调整阶段，正在从规模扩张、数量竞争转变为内涵提升、质量竞争的新阶段，中国高等法学教育正日益走向世界舞台的中央。顺应我国法学教育发展的新形势，适应推进全面依法治国、建设社会主义法治国家的新需要，新时代我国法学教育的培养目标应瞄准培养复合型、应用型、创新型法治人才及后备力量的规格和要求。

第三，树立法学教育根本问题意识，准确把握法学教育“怎样培养人”问题，可以帮助我们创新人才培养路径，进一步提高法治人才及后备力量的培养质量。新时代法治人才及后备力量的培养必须创新思路，克服传统法律人才培养中的种种弊端，大力加强法学教育综合改革，从人才培养方案制定、师资队伍的打造、课程设计、教学方式的改革、实践教学的设计与实施、人才培养质量的考核评价等各方面全面加强教学改革，突出法治人才及后备力量实践性强的特点，探索“高校+法律实务部门等”协同培养创新型应用法治人才及后备力量的人才培养新模式，为全面推进法治国家建设培养出更多更高质量的法治人才及后备力量。

参考文献

[1] 熊川武．论教学论基本问题［J］．华东师范大学学报（教育科学版），2010 年 3 月．

[2] 何勤华．西方法学史读本［M］．上海：上海交通大学出版社，2010 年 4 月第 1 版，第 5 页．

[3] 郑永流．法学野渡：写给法学院新生［M］．北京：中国人民大学出版社，2017 年版．

[4] 中华人民共和国教育部高等教育司．普通高等学校本科专业目录和专业介绍（2012 年）［M］．北京：高等教育出版社，2012 年 10 月第 1 版．

[5]［13］刘佳．法律教育学［M］．北京：社会科学文献出版社，2012 年 1 月第 1 版，第 24 页．

[6] 王健．中国近代的法律教育［M］．北京：中国政法大学出版社，2001 年版，第 373 页．

[7] 霍宪丹．中国法学教育反思［M］．北京：中国人民大学出版社，2007 年版，第 4 页．

[8] 霍宪丹．法律教育：从社会人到法律人的中国实践［M］．北京：中国政法大学出版社，2010 年版，第 1 页．

[9] 洪浩．法治理想与精英教育——中外法学教育制度比较研究［M］．北京：北京大学出版社，2005 年版，第 9 页．

[10] 冀祥德，赵元英，吕升运．法律教育学的新发展［M］．北京：中国社会科学出版社，2013 年版，第 2 页．

[11] 王晨光．法学教育的宗旨［M］．北京：北京大学出版社，2016 年版．

[12] 周汉华．法律教育的双重性与中国法律教育改革［J］．比较法研究，2000 年第 4 期．

[14] 唐波，张毅，张丽君，等．上海需要怎样的法学教育［M］．上海：上海人民出版社，2016 年版，第 1 页．

[15] 习近平．论党的青年工作［M］．北京：中央文献出版社，2022 年版，第 186 页．

[16] 习近平在中国人民大学考察时强调 坚持党的领导传承红色基因扎根中国大地 走出一条建设中国特色世界一流大学新路［EB/OL］．人民网，2022-04-26．

[17] 全国干部培训教材编审指导委员会．建设社会主义法治国家［M］．北京：人民出版社、党建读物出版社，2019 年版，第 223 页．

[18] ［21］教育部课题组．深入学习习近平关于教育的重要论述［M］．北京：人民出版社，2019 年 5 月版，第 4 页，第 4 页．

[19]［20］习近平．论坚持全面依法治国［M］．北京：中央文献出版社，2020 年版，第 180 页，174-175 页．

第二章

创新型应用法治人才培养目标提出的依据

党的十八届四中全会通过的《中共中央关于全面推进依法治国若干重大问题的决定》明确提出，创新法治人才培养机制，“培养造就熟悉和坚持中国特色社会主义法治体系的法治人才及后备力量”。2021 年 5 月，教育部办公厅发布了《法学类专业教学质量国家标准（2021 年版）》（以下简称《标准》），确定法学类专业的培养目标为“适应建设中国特色社会主义法治体系，建设社会主义法治国家的实际需要”的“复合型、应用型、创新型法治人才及后备力量”。

诚然，“为谁培养人、培养什么人、怎样培养人”的问题是法学教育的根本问题，但这个根本问题的内涵却是随着时代的变化而变化的，这是因为人才的培养总是要与国家经济社会的发展和时代的要求相适应。进入新时代，我国高等法学教育人才培养目标向培养“复合型、应用型、创新型法治人才及后备力量”转变有其深刻的历史依据、学理依据和现实依据。

第一节 创新型应用法治人才培养目标提出的历史依据

一、西方法学教育发展的简单回顾

人才培养是个大课题，因为它的内涵特别丰富。就法学专业来说，培养什么人也有一个历史演变过程。从世界历史的范围来看，从古希腊开始，“培养什么样的法律人”问题一直是法学教育的基本问题。

古希腊的思想家们创立了丰富的法律思想，但古希腊却没有正规的法学教育，当然也没有正规的法律人才培养体制机制。

黑格尔曾说：“一提到希腊这个名字，在有教养的欧洲人心中，尤其在我们德国人心中，自然会引起一种家园之感。”古希腊作为西方文明的摇篮，在哲学、政治学、逻辑学、数学等方面为人类文明发展作出了重要贡献，但在法学学科发展方面却贡献不大。古希腊的思想家们，诸如苏格拉底、柏拉图、亚里士多德等都有丰富的法律思想，但这些思想都是其政治思想的重要组成部分，严格意义上的法学学科并没有在古希腊完全建立起来。

苏格拉底以自己的生命为代价诠释了“法治”的意义，“苏格拉底之死”至今仍感动着无数的法科学子。柏拉图的法律思想是比较丰富的，主要体现在他的著作《理想国》《政治家》和《法律篇》等之中。《理想国》体现了他早期的法律思想，《法律篇》则体现了他晚年的法律思想。在他的这些著作中，柏拉图论述了法律的产生、法律权威的作用等思想。他通过对话表明，我做不义之事害人，他做不义之事害我，于是人类互相约定不做不义之事，法律及规约由此而产生。他认为没有法律，人类就和最野蛮的动物没有任何区别。“凡是法律未能独立且无权威者，国家必定灭亡；反之，法律之尊严胜过统治者，那么国家必定多福。”一般说来，法律是导致文明的力量，如果没有这种力量，让人性听其自然，人就会成为最野蛮的动物。[1] 亚里士多德在法律方面的主要贡献是第一次明确阐明了“法治”的含义，他认为，法治应包含两重含义：已成立的法律获得普遍的服从，而大家所服从的法律又应该本身是制定得良好的法律，并提出“法治优于一人之治”。人治体现一个人智慧，法治体现众人之智慧，一个人的智慧终归难以抵挡众人的智慧。

虽然古希腊这些政治思想家对法律有丰富的思想理论阐述，但是追溯历史，我们并没有找到古希腊城邦国家存在正规法学教育的记载。古希腊各城邦国家没有正规的法律教育和训练，也没有出现法律职业阶层。原因何在？因为古希腊城邦国家实行的是大众化司法——“人人皆可为法官”，司法不需要由专门的法律职业人来维持。例如在雅典，除了长老会的元老们可以行使审判权以外，由随机挑选的民众组成的临时陪审团也可以行使审判权，“民主”是判决的重要方式之一。苏格拉底就是由古希腊民众组成的审判团以“不敬神”和“蛊惑青年”的罪名被判处死刑的，当时的票数是 281 票对 220 票。

独立的法学学科最早是在古罗马建立起来的，西方正规的、学院式的法学教育和训练始于古罗马。公元前 450 年左右，伴随着古罗马第一部成文法典《十二铜表法》的颁布，古罗马法学教育逐步产生并发展起来。

以培养国家公职人员为主要目标的古罗马法学教育，一开始属于在家庭中进行的贵族教育的一部分，习法是贵族的一种修养，上层人都以学法为荣，以不懂法为耻。之后，法学教育日渐向平民阶层扩散，并在学校（私立、公立并存）进行。重视案例教学是古罗马法学教育的一大特点。[2][3]

古罗马法学教育的兴起，造就了一个职业法学家阶层，法学家的活动分为编纂、办案、答复和著述，其中最多的是答复和著述。古罗马有许多法学家，其中最著名的是盖尤斯、帕比尼安、保罗、乌尔比安和莫德斯汀五位法学家。古罗马法学不仅提出和解决了立法、执法和司法的技术和方法问题，而且引入了自然法的概念。

进入中世纪，独立的法学已消失。至中世纪大约11世纪末期，西欧法学开始在意大利兴起，以培养社会精英，特别是优秀法学学者的波伦亚大学建立起来，其法学教育在以伊纳留斯为代表的注释法学派形成时最为有名。这时的法学教育的重心不在于当时存在于各个封建王国和领地的五花八门的实在法，更不在于司法的实际规范和程序，而在于超乎散乱的实在法之上的系统的概念和原理。[4] 意大利注释法学派的教学法成为近代各国法学教育效法的典范，教学内容也成为各国法学教育和法律实践的系统内容。[5]

文艺复兴运动的兴起、西欧宗教改革运动的发展、西方人文主义精神的恢复和发展，使西方法学逐步从神学中解放出来，人文主义法学派产生，欧洲法学教育继续向前发展。以人文主义思潮为指导理念和思想基础的法学教育，在研究的内容上既强调纯正，又强调创新，注重研究罗马法原始文献，提出“回到罗马法原文”的口号；在研究方法上，主张引进当时所能掌握的各种科学方法，如哲学的、文学的、考古学的、历史学的以及比较的方法等，从而使法律研究成为整个科学研究以及文艺复兴运动的一部分，为法学重新成为一门科学奠定了基础。

进入近代以来，随着资产阶级革命的胜利和资产阶级政权的建立，资产阶级为了巩固其革命胜利果实，就采用制定法律的方式，由此催生了资本主义法学的发展。与此同时，为培养能为资产阶级政权和利益服务的法律人，现代资本主义法学教育逐渐发展起来。

大陆法系重要代表之一的法国，其法学教育的主要目标是培养法官、律师、政府法律顾问、公证人等各类法律职业人，认为法学教育是一般性的人文素质教育，法学教育应该以传授系统化的法学理论知识为主要教学内容，以培养学生的人文素质为主要教学目的，而不是靠学徒制等教学方法培养学生法律职业技能的职业教育。这种法学教育主要是在大学法学院校实现，例如法国在拿破仑执政时期的1808年，通过对高等教育的改革创立了法学院。大学4年的法律学习主要是比较系统地学习法学基础知识、社会科学知识和本国的法律知识，教学以教师在课堂上的系统讲授为主。

大学法学教育完成后，如要从事法官（检察官）职业，则应注重职业道德教育、相关法律专业理论以及岗位基础理论和审判实务的培训，培训时间不少于3个月；如要从事律师工作，要参加律师学院入学考试，经过18个月培训并通过结业考试才能获得律师资格。

德国作为大陆法系的重要代表国家，其法学教育与法国相比存在一定的差别，其主要特点就是大学法学教育与职业教育相联系。德国法学教育以培养"法官能力"为主要目标，并将培养律师等法律职业人才纳入目标体系。法律人必须通过6~8年的培养，其中大学法学教育4年（也有5~6年才完成的），主要是系统学习法学基础理论和德国法律的基本知识；顺利毕业后，可以参加第一次司法考试，其通过率并不算高；之后，通过第一次考试的人还需要进行为期2年的职业预备期学习，主要是在法院、律所、政府机关等部门进行法律研习；2年后，再参加第二次考试，考试通过后就成为"完全法律人"，即获得了申请担任法官、检察官或者律师等的资格；但第二次考试的通过率很低。

英国是英美法系的主要代表之一，其现代法学教育产生相对较晚，即使是在英国资产阶级革命取得胜利之后，把法学作为正规的职业进行教育或在正规的大学开展法学教育都几乎不存在，[6] 有的只是一定程度、一定规模的学徒制法学教育，即产生于中世纪且一直在运转的法律家会馆教育。直到19世纪中期，在英国著名法学家戴雪（Dicey）、波洛克（Pollock）、霍兰德（Holland）等人的呼吁下，法学教育才成为大学教育的一个重要组成部分，并日益走上现代化的发展道路。英国法学教育以培养复合型法律人才为主要目标，"基于职业的内部自治和垄断的传统，英国形成了所谓一元化的法律职业制度。律师是产生法律职业各个分支成员的共同基础，法官和检察官都由阅历丰富的出色律师中选拔而来。"[7] 正因为如此，英国法学教育的重点主要放在如何培养具有律师职业能力的人才，法学教育的课程设置、教学环节安排等人才培养活动都围绕这一目标来进行。学生通过在大学的法律学习（学制一般是3年，主要是打好法律学术基础）和在律师学院进行法律技能的训练后，就会进入律师事务所进行执业实习。法官和检察官都由阅历丰富的律师选拔而来，因此英国，面向法律职业的人才培养活动，最典型的就是取得律师资格的各种训练过程。

到19世纪末，随着美国工业革命完成，美国经济社会发生了巨大的变化，社会对法律职业人才的需求空前旺盛，美国法学教育正是在此背景下迅速发展起来。作为英国曾经的殖民地，宗主国英国的法律教育制度对美国影响深远。首先，美国继承了英国法律职业教育一元化传统，法学教育的培养目标是培养法律家（Lawyer）。其次，早期美国法学教育也承继了英国的学徒制法学教育，之后学徒制法学教育才逐步让位于大学正规的法学教育。美国法学教育最大的贡献是1870年兰德尔（Langdel）就任哈佛法学院院长后开创了案例教学法。兰德尔曾在他的《合同法案例》一书的前言中阐明了开创案例教学法的原因："被作为科学的法律是由原则和原理构成的。每一个原理都是通过逐步的演化才达到现在的地步。换句话说，这是一个漫长的、通过众多的案例取得的发展道路。这一发展经历了一系列的案例。因此，有效地掌握这些原理的最快和最好的（如果不是唯一的）途径就是学习那些包含着这些原理的案例。"[8] 兰德尔案例教学法是法学教育中最好的教学方法之一，并在法学教学的实践中有力提高了法学的地位。然而，法学终究是一门实践科学，离开了实践的支撑，大学法学教育终难培养一流的法律实务人才。美国著名法学家霍姆斯在其著作《普通法》中明确指出："法律的生命不在于逻辑，而在于经验。"这种经验既包括历史的经验，又包括社会的经验，不过更重要的是社会的经验。与此同时，在美国主张以训练法学院学生法律实践能力为宗旨的实践性法学教育模式日益兴起，以"诊所式法律教学""法庭辩论式教学"为主要代表的一系列实践性法学教育课程成为美国法学教育的主打课程。出现这一转变的主要原因还是社会发展对法律人才的需要，是美国法学教育界认为传统法学教育未能培养出社会所需法律人才。

西方法学教育演变的历史告诉我们，法学教育的发展是一个历史的演进过程，是继承与发展的统一。当然，法学教育的兴衰与它所处的时代发展状况是一致的，一个时代经济与社会的发展对法律人才的需要是法学教育不断向前推进的根本动力。

二、中国法学教育发展的简要历程

在中国古代，关于法学教育较早的记载有春秋战国时期的郑国子产“铸刑书”，子产在执政时曾将郑国的法律条文铸在象征诸侯权位的金属鼎上，向全社会公布。在“刑不可知，则威不可测”的法制理念盛行的时代，郑国破天荒将国家成文法向社会公布，使国家法律国人皆可知，这是在全社会进行的第一次普遍性的法学教育，在中国法律文明史上具有重要的开创性意义，同时它也有利于法律在全社会范围内得到执行。

同样是在郑国，大夫邓析开创了私相教授法律的先例，史载邓析私招门徒，传授法律，学讼者不可胜数[9]。邓析传授的法律主要是国家的法律制度，包括“竹刑”，同时还传授人们打官司的技巧。邓析开馆授法的做法是中国历史上开创法学学校，进行法学教育的开端，邓析作为郑国大夫，开馆授法，显然有“公”的性质，但邓析开馆授法，并非国家授权为之，所以这也只是私人的事情，明显具有“私”的性质，亦“公”亦“私”，或许就是邓析所开办法学教育的性质。

秦孝公任用商鞅进行变法，商鞅“徙木立信”，同时大力进行法律宣传，推广法律教育，使“今秦妇人婴儿皆言商君之法”“今境内之民皆言治，藏商管之法者家有之。”[10] 秦统一六国后，朝廷采纳李斯的建议，“以吏为师”，国家和民众所有的法律问题都向“法吏”请教，由“法吏”解说，并宣传法律知识，法学教育明确成为国家的事情。

至汉、隋、唐以至明清，我们不仅有专营法律的官职，更把法律的考试作为择官的条件之一，设有“法科”。隋朝初次设置律学馆，性质上属专门的官办法律学校。律学馆在唐朝虽几经兴废，但却为唐王朝培养了不少的法律人才，并为唐朝法令贯彻实施提供了良好的人才保障。[11]

从商鞅“改法为律”，法大都称为律，如《秦律》《大清律例》，因此，在中国古代，法学被称为律学。对律的研究，主要是解释法律的学问，称作律学，因而，中国古代的法学教育主要就是律学教育。与西方相比，二者有明显的区别：西方法学教育是一种素质教育和独立的职业教育；中国律学教育只是儒家教育的一部分（特别是西汉武帝“罢黜百家，独尊儒术”后），无论是太学还是国子监，它们虽然在一定程度上也是律学教育机构，但首先是儒家的教育机构。律学教育的内容多为儒家经典中涉及法律部分，以刑律为主，以科举考试策问为主要形式。有的儒家学者更是反对专门研习法律，北宋司马光曾反对王安石设立律学教授、设“明法科”考选法官的变法主张，他认为，“礼之所去，刑之所取”，士大夫只需懂得儒家礼教自然就与法律暗合。[12]

律学教育在公元 2 世纪东汉出现，在 7 世纪至 12 世纪唐宋两朝达到一个比较繁荣的阶段，而元代正式取消了官方的律学教育，一直到清末，律学教育被排除在国家正规的教育科目之外。

近代以后，西方法学教育逐渐传入中国，因而中国近代法学教育带有强烈的模仿色彩，教师以留学生为主体；急功近利，充当政治变革的工具；缺少学术传统；各地发展不平衡，时断时续。

中国近代法学教育的序幕是由 1862 年设立的京师同文馆的丁韪良拉开的，法律教育的第一课程为国际法。1867 年，美国传教士丁韪良出任同文馆的国际法教师，讲授美国学者惠顿的《万国公法》，该课程为同文馆学生第七年学习的必修课程。

1895 年甲午战争失败后，中国先进的知识分子认识到，光靠坚船利炮，也不能救民族于危亡，政制不改，无济于事，遂首先起来呼吁开展法学教育，远采德国，近采日本，建立新式学校，培养治国才干。

1895 年，天津海关道台盛宣怀以哈佛大学、耶鲁大学为蓝本，建立天津中西学堂，其头等学堂分为法律、采矿冶金、土木工程和机械 4 科，学制 4 年。之后，1896 年建立的上海南洋公学、1898 年建立的京师大学堂也开设了法律课程。1904 年，清政府建立了中国有史以来的第一所法学教育专门机构——直隶法政学堂。随后，全国各地法政学堂相继建立，至 1909 年，全国共有法政学堂 47 所，学生逾万，法学教育空前兴盛。

值得一提的是，近代中国法学教育发展中，公立学校的贡献不引人注目，近代中国法学发展史上占有极重要地位的一批法学家皆或毕业于私立法学院，或执教于私立法学院，如王宠惠、吴经熊、盛振为、胡长清、孙晓楼等。在私立法学院中，1912 年建立的朝阳大学和 1915 年建立的东吴大学法学院最负盛名，并称“北朝阳、南东吴”，一时有“朝阳出法官，东吴出律师”的说法。

新中国成立后，由于对旧中国法学和法学理论的否定，我国现代法学教育基本上是从头开始，经历了曲折的发展过程，甚至在某一时期停滞不前。自 20 世纪 90 年代以来，我国现代法学教育又步入快速发展期，据教育部统计，2021 年，全国普通本科法学在校学生共有 675628 人，法学已经成为一门无可争议的显学。

中国法学教育的发展历程充分表明，中国有历史悠久的法律文明发展史，中华法律文明是世界法律文明的重要组成部分，同时也表明中国法学教育有其漫长的演变史，它是我们新时代法治文明建设的宝贵历史财富，是今天我们发展新时代中国法学教育的历史资源。

第二节　创新型应用法治人才培养目标提出的理论（学理）依据

创新型应用法治人才培养目标的提出，是新时代我国高等教育“培养什么人”这一根本问题在法学教育领域落实、落地的重要举措之一，是新中国成立以来我国法学教育人才培养目标理论发展的必然，体现了党的法治人才培养理论既一脉相承又与时俱进的理论逻辑。

一、培养法治人才是国家治理的重要人才保障

“徒法不足以自行。”国家的有效治理需要有好的法律，但一个法制健全的社会能否达到善治的境况，还必须具备一个重要条件，即一批很好执

行法律的人。因为“在法律文明发达的社会里，法律的创制、判决的做出、争端的解决，无不凭藉有某种正义精神和娴熟技艺的法律专门人员”[13]。在中央全面依法治国委员会第一次会议上，习近平总书记将党的十八大以来全面依法治国的指导思想、发展道路、工作布局、重点任务总结为“十个坚持”，其中有一个就是“坚持建设德才兼备的高素质法治工作队伍”。在2020年11月召开的中央全面依法治国工作会议上，“习近平法治思想”被正式提出，其核心要义可被概括为“十一个坚持”，其中第十个坚持就是“坚持建设德才兼备的高素质法治工作队伍”，这是全面推进依法治国的组织保障。

从人类法治文明发展的历史来看，国家的治理良善与否，与国家是否重视法律人才、是否重视法律教育紧密相关。罗马帝国在成为地跨欧亚非的大帝国时还能治理有序，与其高度重视法律人才的培养是分不开的。在屋大维执政时期，若干法学家就曾被赋予了“公开解释法律的特权”，受到重视的法学家们积极参加诉讼咨询，帮助交易双方编制契约合法证书，指导当事人参加法律诉讼，著书立说。在公元3世纪罗马帝国统治巩固，法学空前发达，成就了古罗马法学史上五大法学家空前权威时代。“五大法学家”即盖尤斯、保罗、乌尔比安、帕比尼安和莫德斯汀。

唐代是中国古代法律文明的高峰，唐代不仅有健全的法律体系，如著名的唐律，还有解释唐律的《唐律疏议》，而且还特别重视法律人才的培养。唐朝初年国家就开设了公立的法律学校——律学馆，以培养专门的法律人才，“为唐朝法令更好地贯彻实施、律令体制有序运作提供了人才上的保障”。[14] 同时，唐代法律人才的培养也为唐代的繁荣提供了坚实的人才保障。

今天，我们正在全力推进国家治理体系和治理能力现代化，实践证明，只有在法治的轨道上推进国家治理体系和治理能力现代化，才能真正实现良法善治。而要实现法治，就必须要有持续不断的法治人才的有效供给，需要培养大批法治人才。正如习近平总书记指出：“全面依法治国是一个系统工程，法治人才培养是其重要组成部分。法律的生命力在于实施，法律的实施在于人。建设法治国家、法治政府、法治社会，实现科学立法、严格执法、公正司法、全民守法，都离不开一支高素质的法治工作队伍。法治人才培养上不去，法治领域不能人才辈出，全面依法治国就不可能做好。”[15]

二、培养创新型应用法治人才是全面落实我国高等教育人才培养任务的重要内容之一

《中华人民共和国高等教育法》第5条规定了我国高等教育的任务，提出要“培养具有社会责任感、创新精神和实践能力的高级专门人才，发展科学技术文化，促进社会主义现代化建设”。我们所处的世界是一个日新月异、飞速发展的世界，更是一个创新的世界。适应这个创新的世界的发展，就需要有一大批创新型人才作为支撑，而在各类创新型人才中，适应国家治理现代化需要的创新型应用法治人才是其重要的组成部分。

创新是一个民族进步的灵魂，是一个国家兴旺发达的不竭动力。从世界范围来看，当今世界的竞争主要是人才竞争，其中最激烈的竞争是创新型人才的竞争。因此，为国家源源不断培养和输送各类人才的大学能不能培养出高素质的创新人才，将成为未来国与国之间能否赢得竞争的重要砝码。随着我国经济社会的发展，我国的国际影响力不断提升，特别是“一带一路”经贸合作的不断推进，以及我国对外交流交往规模和数量的增加，中国法学走出去的条件日益成熟，中国法学研究、法学教育走出去正面临重要的历史机遇，要求中国法学走上世界法学舞台的呼声也越来越高。因此我国高等法学教育要全面落实高等教育的任务，就必须瞄准世界法学教育舞台，改变传统法律人才培养机制，培养出更多具有创新精神、创新能力，能解决全球范围内法律问题的高素质法治人才。

就国内而言，经过改革开放几十年的发展，我国正走在从富起来到强起来的伟大征程上，已基本富起来的中国人民对民主、法治、公平、正义等政治文明要求越来越高，传统的“定分止争”的法律服务已不能完全满足人们日益增长的法律多样化服务的要求。同时，党的十八大以来，以习

近平同志为核心的党中央全面推进依法治国，在法治轨道上推进国家治理体系和治理能力现代化，对法治人才的需求也呈几何级数增长。法律服务的多样性需求、国家治理现代化对法治人才的需要都对我国高等法学教育人才培养提出了更高的要求。顺应新时代法治国家建设和国家治理现代化对法治人才的需要，党的十八届四中全会通过的《中共中央关于全面推进依法治国若干重大问题的决定》提出，创新法治人才培养机制，“培养造就熟悉和坚持中国特色社会主义法治体系的法治人才及后备力量”。2021年5月，教育部办公厅发布的《标准》明确法学类专业要培养“适应建设中国特色社会主义法治体系，建设社会主义法治国家的实际需要”的“复合型、应用型、创新型法治人才及后备力量”，“创新型应用法治人才”作为高等法学教育的人才培养目标被明确提出，培养“创新型应用法治人才”成为我国高等法学教育落实教育任务的重要内容。

三、培养创新型应用法治人才是新时代我国高等法学教育的重要使命之一

现代大学都承载着人才培养、科学研究、社会服务、文化传承与创新、国际交流合作的重要使命，其中人才培养是大学最重要、根本的使命。大学人才培养的使命要从一个一个的专业去落实，因为专业是大学教育的基本单位，而每个专业又都有自己的专业人才培养目标，这些目标通常由三个层次的内容构成，即目标定位、目标内涵和目标评价。日标定位是指人才培养目标的方位，它是最根本性的，决定着人才培养的方向（主要是政治方向，回答“为谁培养人”的问题）。目标内涵是指所培养人才的基本要求，就是我们通常所讲的人才规格，具体包括知识要求、能力要求和素质要求等，因而它在整个培养目标结构中处于基础性地位。目标评价是指对专业人才培养目标实施质量的一种评价机制，包括业内评价和第三方评价等，是人才培养目标落实的保障机制。

大学法学教育作为我国高等教育的重要组成部分之一，承担着为中国特色社会主义事业发展培养建设者和接班人的重要使命。中国高等法学教

育到底应培养什么样的法治人才呢？事实上，一个专业人才培养目标的确定是由多方面因素共同作用的结果，但最根本的还是与一个国家的经济社会发展的状况紧密相连。党的十八大以来，随着我国经济社会的发展，特别是在推进国家治理体系和治理能力现代化的过程中，法治作为重要保障的作用日益凸显，国家良法善治对更高水平更高素质法治人才的需要更加迫切，在这种背景下我国高等法学教育肩负的法治人才培养任务越来越艰巨。我国高等法学教育人才培养目标由培养“法律人才”转向“法治人才”，同时对所培养“法治人才”提出了“复合型、应用型、创新型”的规格要求，“创新型应用”法治人才作为我国高等法学教育人才培养目标被明确提出。“创新型应用”法治人才就其目标定位而言，它必须体现中国特色，所培养的人才必须要成为中国特色社会主义事业的建设者和接班人；就其目标内涵而言，“创新型应用”法治人才必须是法治人才，能够运用其法律专业知识、法治综合素质和能力为更高水平的法治中国建设服务，为国家良法善治服务；就其目标评价而言，“创新型应用”法治人才必须能担当法治中国建设的重任，毕业后能在法治工作领域的岗位上成长为独当一面的建设法治国家的优秀人才。

第三节　创新型应用法治人才培养目标提出的实践依据

进入新时代，随着信息技术的高度发展以及信息技术的深入应用，新技术、新产业、新业态不断涌现，人们的工作方式、交往方式、生活方式都发生了很大的变化，这一切都给社会治理带来了新的挑战，也对我国高等学校人才培养提出了新的要求。

2018 年 6 月召开的新时代全国高等学校本科教育工作会议提出，要突出人才培养的核心地位，特别强调培养应用型人才。有学者认为，如果一个国家的高校培养的学生缺乏创新能力，人才培养落后于国家发展的需要，这个国家就不可能可持续发展。

就法学教育而言，坚持以问题为导向，迎接新的科学技术发展带来的社会治理等方面的挑战，我们必须要在新的实践基础上不断创新法学人才培养方式，培养出符合新时代、新形势、新发展要求的高素质创新型应用法治人才。创新型应用法治人才培养目标正是在这一背景下提出来的，也是在法治中国建设的伟大实践中孕育、发展起来的，有着深厚的实践基础。

1997 年召开的党的十五大提出了“依法治国，建设社会主义法治国家”的战略任务，并把依法治国作为党领导人民治理国家的基本方略。从改革开放初期提出“健全社会主义法制”到党的十五大提出“建设社会主义法治国家”，“法制”与“法治”虽只有一字之差，但其内涵却相差甚远。“制”侧重于制度、规范，表明了在我国改革开放初期，经济社会发展的各方面法律制度都极度缺乏，急需有一个加快实现健全法制建设任务的阶段，解决“有法可依”的问题。“治”侧重于治理，是指在法律制度或者法律体系基本形成的基础上，如何依法治理，实现良法善治。

顺应党的十五大提出的依法治国的基本方略，我国法学教育自 1978 年逐渐恢复以后，迎来了一波“井喷式”的发展。据统计，1993 年底，全国已有 135 所法律（政法）校院系（点），在校学生约 3.5 万人，[16] 发展到 2015 年，我国开办法学专业的高校有 650 所左右，在校生总量达 70 万人。[17] 借鉴西方国家法治社会建设中法学教育对法治人才培养的丰富经验，应对社会对具备法律实务能力“法律人”的需求，我国法学教育将人才培养目标确定为培养具有法律职业技能的“应用型法律人才”，“应用型法律人才”培养目标的提出是对改革开放初我国恢复法学教育以来以培养政法干部为主要目标的升级。

党的十八大以来，以习近平同志为核心的党中央高度重视法治建设，明确提出全面依法治国，并将其纳入“四个全面”战略布局予以有力推进。党的十八大强调，要更加注重发挥法治在国家治理和社会管理中的重要作用，党的十八届四中全会第一次召开党的全会专门研究法治问题，大会作出了关于全面推进依法治国若干重大问题的决定。决定明确提出，要创新法治人才培养机制，“培养造就熟悉和坚持中国特色社会主义法治体系的法治人才及后备力量”。以“法治人才”为培养目标在我国法学教育史上是第一次出现，它表明我国法学教育人才培养目标将实现由“应用型法律人才”到“熟悉和坚持中国特色社会主义法治体系的法治人才及后备力量”的转变，这是我国法学教育人才培养目标演进历史中的一次标志性事件，表明我国法学教育人才培养体制将迎来重大历史性变革。

教育部也启动了《普通高等学校本科专业类教学质量国家标准》（以下简称《国标》）的制定，为高等学校各本科专业人才培养提供质量标准。经过几年的努力，2018 年 1 月，教育部发布了《国标》，其中《法学类教学质量国家标准》在明确“法学类专业教育是素质教育和专业教育基础上的职业教育”的基础上，确定了法学类专业培养“适应建设中国特色社会主义法治体系，建设社会主义法治国家的实际需要”的“复合型、职业型、创新型法治人才及后备力量”的目标，新修订的《法学类专业教学质量国家标准（2021 年版）》则明确应培养“复合型、应用型、创新型法治人才及后备力量”。将之前培养“复合型、职业性、创新型法治人才及后备力量”目标调整为培养“复合型、应用型、创新型法治人才及后备力量”，“创新型应用法治人才”培养目标被明确提出，它不仅在表述上更为科学，而且体现了我国高等法学教育顺应国内外政治、经济和社会发展实际需要的特点，是对我国自党的十八大以来提出“大众创业、万众创新”重大决策的积极回应。法学教育作为中国高等教育的重要组成部分，是中国实行“依法治国，建设社会主义法治国家”的重要保障，社会创新需要创新的法律进行激励、保障和规范，同时也需要“创新型应用法治人才”的“保驾护航”。

2018 年 9 月，教育部、中央政法委又颁布了《关于坚持德法兼修实施卓越法治人才教育培养计划 2.0 的意见》，这个文件是在 2011 年卓越法律人才教育培养计划基础上的加强版，它实现了我国法学教育卓越人才培养由“卓越法律人才”到“卓越法治人才”的转变，是指导我国卓越法治人才培养的纲领性文件。

2020 年 11 月召开的中央全面依法治国工作会议正式提出“习近平法治思想”，明确了习近平法治思想在全面依法治国中的指导地位。习近平法治思想深刻回答了新时代为什么实行全面依法治国、怎样实行全面依法治国等一系列重大问题，是习近平新时代中国特色社会主义思想的重要组成部分，是全面依法治国的根本遵循和行动指南，也为推动法学教育高质量发展、培养德才兼备的高素质法治人才指明了前进方向，提供了根本遵循。2021 年 5 月 19 日，教育部办公厅专门印发了《关于推进习近平法治思想纳入高校法治理论教学体系的通知》，阐明了推进习近平法治思想纳入高校法治理论教学体系的重要意义，要求将习近平法治思想的核心要义和工作要求贯彻落实到法治人才培养的全过程和各方面。为了帮助广大法学教师全面、系统、准确把握习近平法治思想的核心要义、精神实质、丰富内涵、实践要求，培养卓越法治师资，推进习近平法治思想纳入高校法治理论教学体系，从 2021 年 5 月 28 日开始，教育部利用全国高校教师网络培训平台，面向全国法学专业教师推出习近平法治思想大讲堂，与此同时，高等学校以习近平法治思想为指导，培养高素质法治人才的改革和实践全面开展起来。

习近平总书记高度重视法治人才的培养工作。2017 年 5 月 3 日，习近平总书记考察了中国政法大学，就全面做好法治人才培养工作发表了重要讲话。他指出，“全面依法治国是一个系统工程，法治人才培养是其重要组成部分。”“高校是法治人才培养的第一阵地。”习近平总书记充分肯定了近些年来我国法学教育和法治人才培养取得的成效，同时也指出了法学教育和法治人才培养中存在的一些问题和不足，他提出，“解决这些问题，要统筹谋划、整体布局，该坚持的坚持，该改进的改进，该调整的调整，该创新的创新，使法学学科建设跟上时代发展，体现坚持和发展中国特色社会主义的客观要求”，并强调“办好法学教育，必须坚持中国特色社会主义法治道路，坚持以马克思主义法学思想和中国特色社会主义法治理论为指导”。“法学教育要处理好法学知识教学和实践教学的关系。”在法学教育中“要坚持依法治国和以德治国相结合”“要坚持立德树人”。他“希望法学专业广大学生德法兼修、明法笃行，打牢法学知识功底，加强道德养成，培养法治精神，而且一辈子都坚守，努力用一生来追求自己的理想。”[18]

参考文献

[1] 徐爱国. 法学的圣殿：西方法律思想与法学流派 [M]. 北京：中国法制出版社，2016 年版，第 20-22 页.

[2] 徐国栋. 古罗马的法学教育及其案例法 [J]. 江汉论坛，2016 年第 1 期.

[3] 张学仁. 古代罗马的法学教育 [J]. 法学评论，1984 年第 1 期.

[4] [6] [8] 王晨光. 法学教育的宗旨 [M]. 北京：北京大学出版社，2016 年版，第 6 页，第 6 页，第 9 页.

[5] 王思杰. 论波伦亚大学法学教育的形成 [J]. 赤峰学院学报（汉文哲学社会科学版），2014 年第 6 期.

[7] 王健. 西方国家怎样培养法律人才——法律人才培养模式之比较 [J]. 法学教育研究，2010 年第 2 期，第 222 页.

[9] 张晋藩. 中华法制文明的演进 [M]. 北京：中国政法大学出版社，1999 年版，第 83 页.

[10] 武树臣等. 中国传统法律文化 [M]. 北京：北京大学出版社，1994 年版，第 339 页.

[11] [14] 李守良. 唐代律学教育探析 [J]. 社会科学动态，2017 年第 8 期.

[12] 冀祥德，赵元英，吕升运. 法律教育学的新发展 [M]. 北京：中国社会科学出版社，2013 年版.

[13] 王健. 中国近代的法律教育 [M]. 北京：中国政法大学出版社，2001 年版，第 1 页.

[15] [18] 习近平. 论坚持全面依法治国 [M]. 北京：中央文献出

版社，2020 年版，第 174 页，第 174-180 页.

［16］转引自苏力．法学本科教育的研究和思考［J］．比较法研究，1996 年第 2 期.

［17］吴汉东．法学教育发展的历史轨迹与中国道路［J］．中国大学教学，2016 年第 1 期.

第三章

创新型应用法治人才的培养规格

2021 年 5 月教育部办公厅发布的《法学类专业教学质量国家标准（2021 年版）》明确了法学教育培养目标是培养“复合型、应用型、创新型法治人才及后备力量”。何谓创新型应用法治人才？创新型应用法治人才具有什么样的特质？我们怎样来确定创新型应用法治人才的培养规格？对这些问题的解答，能使我们清楚把握创新型应用法治人才的培养要求，为下一步更好实现培养目标明确方向。

第一节　创新型应用法治人才的内涵

一、人才

一般来说，人才是指具有一定的专业知识或专门技能，进行创造性劳动并对社会作出贡献的人，是人力资源中能力和素质较高的劳动者。其中“较高的能力和素质”的内涵十分丰富，既可指专业知识水平较高，也可指专业技能水平较高，当然也可指二者兼而有之。所以，人才的内涵一般包括以下几个方面：

第一，在某个行业或专业领域掌握了比较系统完整的知识体系，有比较高的行业或专业认知，具有一定的行业或专业话语权的人。

第二，在某个行业或专业里掌握了比较高的专业技术水平，拥有该行业职业资格证或该专业技术资格证的人。

第三，既具有某个行业或专业系统的较高知识水平，又具有某行业职业资格证或专业技术资格证的人。

因此，我们可以把有知识、有技术、有能力的人都称为人才。

二、法治人才

法治人才是众多人才中的一类，是指在法治领域有知识、有技术、有能力的人。在我国，法治领域的人才主要包括“在人大和政府从事立法工作的人员、在行政机关从事执法工作的人员、在司法机关从事司法工作的人员。”[1] 法治人才在知识、能力方面又有什么特别要求呢？

首先，从知识水平来看，因为法治人才从事的是与法律相关的工作，无论立法、执法，还是司法，他们都要运用法律知识。因此，法治人才应该具有比较扎实的法律知识，掌握系统的法学理论知识、实务知识。

其次，从技能要求来看，法治人才必须具备从事法律工作的职业资格。我国对法治人才实行的是严格的职业准入政策，只有通过国家统一法律职业资格考试的人，才能获得从事法律工作的职业准入资格。

最后，要成为法治人才，还需掌握其所从事工作的相关职业能力。习近平总书记曾对此有专门的论述，他说：“立法、执法、司法这三支队伍既有共性又有个性，都十分重要。立法是为国家定规矩、为社会定方圆的神圣工作，立法人员必须具有很高的思想政治素质，具备遵循规律、发扬民主、加强协调、凝聚共识的能力。执法是把纸面上的法律变为现实生活中活的法律的关键环节，执法人员必须忠于法律、捍卫法律，严格执法、敢于担当。司法是社会公平正义的最后一道防线，司法人员必须信仰法律、坚守法治，端稳天平、握牢法槌，铁面无私、秉公司法。”[2]

所以，法治领域的人才与一般领域的人才相比，它的要求相对更高一些，经过系统学习，掌握了比较系统的法律知识，并不能被称为法治人才，因为法治人才是“知识+从业资格+职业技能”三者的统一，只有在法治领域具有“知识+从业资格+职业技能”三者合一的人才能称为法治人才。

三、创新型应用法治人才

创新型应用法治人才是指在法治人才中具有创新思维和创新能力的人才。创新型应用法治人才首先必须具备法治人才的要素，即要具备“知识+从业资格+职业技能”的人才要求，在此基础上，创新型应用法治人才还应具备一定的创新特质，主要包括：

第一，具有问题意识。问题是事物矛盾的表现形式，具有问题意识，就是在认识事物的时候，要善于找到与该事物相关联的各种事物，发现事物之间的内在联系或外在联系，即找到事物内部或事物之间的各种矛盾关系，从而为下一步分析问题、解决问题找到正确的方法和路径。创新型应用法治人才之所以要具备问题意识，是因为我们所面临的法治问题千差万别，解决这些问题不能简单地套用某种固有方法或公式。树立问题意识，要求创新型应用法治人才在解决一个个具体法治问题的时候，能够通过具体分析，找到每个法治问题内部诸要素之间的相互关系，找到每个法治问题内部诸要素与该问题外部相关问题的关联，从而找到解决问题的好的方法。

第二，具有批判性思维。批判性思维（Critical thinking）的实质是一种理性思维，它包括思维过程中洞察、分析和评估的过程。洞察是构成批判性思维的基础，只有通过对事物的仔细观察，才能掌握第一手材料，才能把握事物发展的是非曲直，从而为下一阶段的分析、评估创造条件。分析是构成批判性思维的最重要的要素，分析就是在掌握了通过观察得到的第一手材料后，对这些材料进行比较鉴别，找到事物内部诸要素以及事物之间的联系，即问题之所在、矛盾之所在。评估就是在分析的基础上，对已掌握的问题或矛盾进行定量或定性判断，分清主要问题（或称主要矛盾）、次要问题（或称次要矛盾）、问题的主要方面（或称矛盾的主要方面）、问题的次要方面（或称矛盾的次要方面），从而为决策措施、解决问题提供指导。在现代社会，培养批判性思维被普遍确立为教育特别是高等教育的目标之一，当然，批判性思维也是创新型应用法治人才的特性之一。构成批判性思维的基本要素是断言（claims）、论题（issues）和论证（arguments）。识别、分析和评价这些构成要素是批判性思维的关键。

第三，具有开拓性意识。创新的基本要求就是破旧立新，即突破旧思想、旧观念、旧模式、旧做法，创立新思想、新观念、新制度、新做法。要破旧立新，没有一股子解放思想、开拓前进的勇气是断然难以做到的。随着现代经济社会的不断发展，国家所面临的各种法治问题越来越复杂，如果没有一种开拓创新的精神来思考这些复杂问题，是很难顺利解决这些问题的。同时，随着现代信息技术的不断发展，知识创新的速度不断加快，程度不断加深，社会生活中各种新的名词不断涌现，如果我们法治人才没有较好的创新思维，就不能及时接受这些新名词、新现象，就不能很好了解一些新生事物发展的原委，了解其问题，解决其矛盾。

所以，创新型应用法治人才应是具有创新思维的法治人才，是具有问题意识、批判精神、开拓精神的法治人才，当然也是高素质的法治人才。

第二节　创新型应用法治人才的素质要求

一、法治人才的培养标准

人才培养必须要有一定的标准，因为只有有了标准，才会有遵循的依据，才会做到法治人才及后备力量培养全国一盘棋，从而培养出大量合格的法治人才及后备力量。

法治人才培养标准一般可以从三个层次去理解。一是通用标准，这是由国家制定的本科法律人才培养指导性标准。如教育部办公厅制定并发布的《法学类专业教学质量国家标准（2021 年版）》就规定了培养复合型、应用型、创新型法治人才及后备力量的规格标准，包括学制与学位、知识要求、能力要求、素质要求等内容。二是业界标准，即法律实务界依据科学共同体和职业共同体通用标准提出的行业性法律人才培养基本标准。如美国律师协会要求美国大学法学教育要培养日后能顺利走上律师等职业岗位的法律人才，中国法律实务界则要求法学院培养出来的学生是法学理论基础扎实、法律实务能力较强、能够胜任基层法律实务工作的人才。三是学校标准，即学校依据和参照国家及业界标准，立足于学校的定位、优势与特色、服务面向等所制定的本校本科法律人才培养标准。各个学校的法学教育资源不同、定位不同，法治人才培养标准当然也有异，如中国社会科学院大学具有很强的法学研究实力和丰富的研究性教学资源，因此，它参照国家标准，结合自身的实际，将培养法治人才的标准定为“培养拥护党的领导、具有家国情怀和国际视野、具备扎实法律理论功底和职业素养的复合型、创新型、国际型和引领型的高端法治人才”。中国政法大学作为中国法学教育界的顶尖大学，法学教育资源相当丰富，因此，它结合国家标准，根据自身的人才培养实力确定其人才培养规格为“培养具有厚基础、宽口径、高素质、强能力的复合型、应用型、创新型高级法律职业人才”等。

二、创新型应用法治人才的素质要求

习近平总书记指出，全面推进依法治国，建设一支德才兼备的高素质法治队伍至关重要。“得其人而不得其法，则事必不能行；得其法而不得其人，则法必不能济。人法兼资，而天下之治成。”根据现代法治工作日益呈现出鲜明的政治性、专业性、技术性的特点，法学教育培养的创新型应用法治人才必须要充分体现这三大特点，并把创新能力要求贯穿其中。

（一）思想政治素养

作为法治人才，他们承担的是立法、执法、司法等关系国家治理的大事，他们的工作关系着人民的健康、生命、财产、安全等各方面，他们所立的每一部法律都会牵涉到全体人民的根本利益，他们所作出的任何一项行政决议都关涉到成千上万人的利益，他们所作出的任何一项法律裁决都关系到人们的利益或自由。正是由于法治人才工作的重要性、特殊性，国家在思想政治方面对法治人才提出了更高的要求。

2014 年 10 月，在党的十八届四中全会上，习近平总书记在总结法治工作队伍建设规律和共同要求的基础上，对法治工作队伍提出了思想政治、业务素质、职业道德等方面的总体要求，其中对法治人才思想政治方面的要求是“四个忠于”，即忠于党、忠于国家、忠于人民、忠于法律。新时代我国高等法学教育培养创新型应用法治人才，要以习近平法治思想为指导，按照“四个忠于”的要求加强思想政治教育。

一是忠于党。中国共产党是以马克思主义理论武装起来的先进政党，是中国特色社会主义事业的领导核心，也是中国特色社会主义法治建设的领导核心，党的领导是中国特色社会主义法治的本质特征和内在要求。一百年来，中国共产党带领中国各族人民，历经革命、建设和改革，建立了新中国，进行了伟大的社会主义建设，开创了中国特色社会主义事业，使中华民族迎来了从站起来到富起来、再到强起来的伟大飞跃；中国共产党带领中国人民推进法治建设，从新中国成立前夕废除旧中国“六法全书”到《中华人民共和国婚姻法》《中华人民共和国宪法》等一系列法律的相继制定，再到党的十一届三中全会我们进入法制创建新时期，再到党的十五大后进入依法治国新阶段，再到党的十八大以来我国进入全面依法治国新时代，党带领中国人民所取得的这一系列伟大成就赢得了全国各族人民的高度认同，也赢得了世界友好人士的高度赞扬：中国共产党是伟大的、光荣的、正确的党。培养创新型应用法治人才“忠于党”的政治素养，就是要培养他们过硬的政治意识，让他们了解中国共产党带领中国人民进行英勇斗争、艰苦奋斗的历史，了解中国共产党带领中国人民建设中国特色社会主义、推进全面依法治国的历史，培养他们能在法治工作中全面贯彻党的路线、方针、政策的政治领悟力、判断力和执行力，能始终与党中央保持高度一致的政治意志力，听党话、跟党走。

二是忠于国家。国家是我们安身立命的温馨港湾，是我们建功立业的平台，更是我们过上幸福美满生活的保障。我国是一个统一多民族的社会主义国家，社会主义是我们国家的根本性质，中国选择走社会主义道路是中国共产党带领中国人民在探索国家前途和民族命运的艰苦奋斗中做出的正确选择。培养创新型应用法治人才“忠于国家”的政治素养，就是要让他们了解中国选择走社会主义道路、特别是中国特色社会主义发展道路的历史必然性，了解这条道路的选择是历史的选择、人民的选择，增强他们在法治建设中维护国家统一、维护国家利益、以国家利益为重的自觉性，始终不渝走中国特色社会主义道路。

三是忠于人民。人民创造历史，人民群众是真正的英雄。在全面推进依法治国、建设中国特色社会主义法治体系的伟大事业中，人民群众是强大的力量源泉。培养创新型应用法治人才“忠于人民”的政治素养，就是要教育我们的同学真正理解人民群众在历史发展中的地位和作用，牢固树立人民群众是历史发展真正英雄的理念，树立为民情怀，心中装着群众，工作服务群众，坚持为人民立好法、为人民执好法、为人民司好法。

四是忠于法律。法治人才的工作是与法律紧密相连的，立法、执法、司法、法律教育、法律研究都是法治人才的工作，这些工作都以法律为载体。法律在形式上表现为一定的规范（规则）体系，其实质是统治阶级意志的体现。我国是社会主义国家，人民是国家的主人，所以法律是人民意志的体现，党领导人民制定宪法和法律，宪法和法律也体现了党的意志和人民的意志。因此，培养创新型应用法治人才“忠于法律”的政治素养，就是要在法学教育中教育我们的学生在法治工作中严格按照法律规则办事，坚持科学立法、严格执法、公正司法，引导全民守法，把党的意志、国家的意志、人民的意志贯彻到依法治国的全过程、全方面中去，坚决防止在法治工作中出现以言代法、以权压法、徇私枉法的违法现象。

（二）知识素养

法学学科属于社会科学，它源于社会，也必将服务社会，并在服务社会、解决社会问题的实践中不断获得发展。实践性是法学学科的重要特征之一，但法学服务于社会“与其他应用学科还有所不同：即在理论与实践之间，横隔着一个法律规范。法学实际承担的任务是，如何设计出体现着一定理论的法律规范，并将之运用到现实生活中去。”[3] 这套法律规范，对于我们成文法体系国家的法学教育非常重要，因为只有学习掌握好这套法律规范体系，才能在共同的语境下进行顺畅的交流，这个共同语境也就是我们常说的法言法语。没有对法律规范体系的学习掌握，不能形成共同交流的语境，在立法、执法、司法过程中各说各话，达不成共识，交涉就不能达成，问题解决不了，法治目标不能实现。因此，培养创新型应用法治人才，首先就需要学习掌握系统的法学知识，形成厚实的知识素养。

据统计，目前我国开设法学本科专业的学校共有600余所，各法学专业的培养目标都对所培养学生的知识要求作了重点规定。法学为“双一流”建设学科的中国政法大学，其2020级法学专业（民商经济法学院）人才培养的目标是“培养具有厚基础、宽口径、高素质、强能力的复合型、应用型、创新型高级法律职业人才”，并要求学生掌握的知识主要有：①广泛的人文社会科学与自然科学领域的知识基础；② 较坚实的法学理论基础；③ 系统地掌握法学知识和法律规定；④了解国内外法学理论发展及国内立法信息；⑤能用一门外语阅读专业书刊。

同样作为“双一流”大学的中南大学，其2012版法学本科专业人才培养方案明确该专业的培养目标是：培养适应经济和社会发展需要，具有良好职业道德修养，系统掌握法学专业基本理论与法律实务技能，熟悉中国特色社会主义法律体系，并具有法治理念、创新精神、实践能力、国际视野和良好的科学文化素养，能在国家机关、企事业单位和社会团体中从事法律实务工作以及法学教学、研究工作的德才兼备的实务型法律人才。它要求所培养法律人才掌握的系统知识主要包括：① 马克思主义及其中国化的基本知识；② 法学各专门学科的基础知识、基本知识；③与法学专业相适应的通识课程知识；④文献检索方面的知识；⑤一门外语知识等。

作为拥有国家级一流本科专业建设点的湘潭大学，其法学教育卓有成效，该校法学专业本科人才培养方案（2021 版）明确其培养目标是：坚持立德树人、德法兼修，培养具有坚定理想信念，扎实的专业知识、职业技能，具备依法执政、科学立法、依法行政、公正司法、高效高质量法律服务能力与创新创业能力，熟悉和坚持中国特色社会主义法治体系的复合型、应用型、创新型法治人才。在学生毕业要求中，方案要求学生掌握系统的专业知识，包括掌握习近平法治思想、法理学、宪法学、刑法学、民商法学、诉讼法学、行政法与行政诉讼法、国际法学等法学基础知识，熟悉中国法律和相关国际法，熟悉法学理论前沿，把握法律实践的发展动态。

从以上各学校法学专业人才培养方案所要求培养学生的知识素养来看，对法学类专业本科学生来说，一般要求其在大学学习期间掌握三个方面的知识，即法学专业知识、其他人文社会科学知识、其他交叉学科知识。因为，对于培养创新型应用法治人才而言，扎实的法学知识功底是创新的基础，渊博的人文社会科学知识是创新的前提，学科知识的交叉是创新的催化剂。

第一，扎实的法学专业知识主要包括法学专业各部门法知识和各法学学科知识。据教育部高等教育司编写的《普通高等学校本科专业目录和专业介绍（2012 年）》的要求，法学专业要求掌握以下核心课程知识：法理学、中国法制史、宪法、民法、商法、知识产权法、刑法、民事诉讼法、刑事诉讼法、行政法与行政诉讼法、经济法、国际法、国际私法、国际经济法、环境资源法、劳动与社会保障法等。又据《法学类专业教学质量国家标准（2021 年版）》的要求，法学专业学生掌握的法学专业知识还应包括习近平法治思想、法律职业伦理、证据法和财税法等专业必修课程知识，其中，习近平法治思想是在 2020 年 11 月召开的中央全面依法治国工作会议上提出的，是党推进全面依法治国、建设社会主义法治国家的根本指导思想，培养建设中国特色社会主义法治事业的接班人和建设者，必须毫不动摇地坚持以习近平法治思想为指导；此外，随着我国法学教育人才培养目标由“应用型法律人才”向“复合型、应用型、创新型法治人才”转变，法学教育适应培养“治”的人才的需要，其知识体系结构也必须做出一些调整。

第二，我国现有法律法规的基本内容和基本精神、外国法的基本知识和国际法基本知识。改革开放以来，我国大力加强社会主义法制建设，经过多年的努力，到 2011 年 3 月，吴邦国委员长在第十一届全国人大四次会议上正式宣布，中国特色社会主义法律体系已经形成。中国特色社会主义法律体系，是以宪法为统帅，以法律为主干，以行政法规、地方性法规为重要组成部分，由宪法相关法、民法商法、行政法、经济法、社会法、刑法、诉讼与非诉讼程序法等多个法律部门组成的有机统一整体。截至 2021 年 12 月，我国现行有效法律 291 件，行政法规和监察法规 611 件，地方性法规 12，000 余件。[4] 其内容之广泛由此可见一斑。外国法的基本知识主要包括古代外国法、近现代外国法的基本知识，主要要求了解外国法律发展的基本脉络和精神；国际法基本知识就是我们通常所讲的“三国法”，即国际公法、国际经济法和国际私法。

第三，与法学相关的各学科相关知识以及与法律实务相关的课程基本知识等。正如前文所言，法学属于一门实践性很强的社会科学，法学教育培养的法治人才最后都要在各个岗位去解决社会问题。社会问题千差万别，涉及社会生活的方方面面，作为法治人才，如果只懂得一定的法律知识，而不懂得比较丰富的社会知识，那他在面对复杂的社会问题时就不能很好地解决，就不可能解决复杂的立法、执法、司法问题。所以，自法学教育产生以来，就一直有要求法科学生学习一定的人文社会科学知识的惯例。民国著名法律教育家孙晓楼先生在其所著《法律教育》一书中就大力倡导培养法律人才一定要重视社会常识的教育。他说：“法律教育之目的，在于培植法律人才。所谓法律人才……必合乎以上三种条件：一是法律学问；二是法律道德；三是社会常识。”“法律是社会科学的结晶，政治学、经济学、宗教学、社会学都是法律的原料。”[5] 因此，法律学校应添设诸如法律伦理学、会计常识、法律理论等课程。在法律发展史上虽然也产生过“法教义学”与“社科法学”之争，但法学教育界普遍认为，传统法学应该向社会科学汲取养分。

（三）技能素养

教育的目的不只是要传授学生知识，更重要的是要通过知识的传授，将知识转化为能力。法学教育一方面要传授学生法学基本理论、基本知识，另一方面要通过专业实习、实验教学等实践教学环节训练学生的法律实务能力，训练学生的沟通能力、场面掌控能力、文书写作能力等各种能力。

一般来说，创新型应用法治人才应具备以下基本技能：

第一，法律思维能力。法律思维，顾名思义，即法律人的思维。思维是与人的精神活动相关的活动，一般由概念、判断和推理构成，是与人的感性活动相对的活动。法律人一般指从事法律活动的人，包括立法者、执法者、司法者，当然也包括律师、公证员、法学教师、法律研究者等。这些法律职业者从事的工作虽各有别，但他们有一个共同的特点，就是他们的职业具有很强的专业性，即都与法律紧密相关。因此，从法律职业共通性的角度思考，我们认为，法律思维是“依循法律逻辑，以价值取向的思考、合理的论证，解释适用法律的活动。”“法律思维要回答人在法律领域中各种精神活动的特点。”“法律思维的根本特点是判断性，建构规范需判断哪些事实当由法律来调整，应用规范需判断事实是否与规范相适应，法律思维穿行于事实与规范之间。”[6]

第二，法律实务能力。实务指具体的事务，法律实务是指需要运用法律知识处理的事务；能力，是指处理事务过程中所表现出来的技巧或技能，法律实务能力是指法律人运用法律知识处理相关法律事务的能力。作为创新型应用法治人才，它必须要具有能将法学理论知识与实践知识相融通，能独立处理立法、执法、司法、法律服务等事务的能力。法律服务能力内容广泛，就拿司法来说，就需要训练法律人的阅卷能力，即案件事实的概括能力、找法能力、法律适用能力、庭审询问能力、证据分析与运用能力、根据案件事实和法律进行裁判的能力、文书写作中的说理能力等。

第三，科学研究和创新创业能力。法律作为社会科学，它总是会随着社会的发展而变化。作为创新型应用法治人才，面对新的社会问题的出现，以立法来解决新的问题，如果不进行一定的立法调研，进行一定的立法研究，是很难制定一部管用有效的好法律的。执法、司法的过程中，我们会遇到各种各样、形形色色的案件，如何处理这些看似相同、实质又有差异的案件，没有一定的研究能力很难发现其间的差异；没有一定的创新能力，也很难找到好的解决方案。当然，从事科学研究，总是需要建立在前人研究的基础上的，因此，对于培养创新型应用法治人才来说，培养其一定的法学文献检索能力、外语运用能力和计算应用能力也是其题中应有之义。

此外，作为法治人才，他们还必须具有健康的体魄和良好的心理素质，具有吃苦耐劳、奉献基层法治的精神，有强烈的担当意识与责任意识。

第三节　对创新型应用法治人才培养学制的思考

《法学类专业教学质量国家标准（2021年版）》（以下简称《标准》）规定了法学本科专业人才的培养规格，由于法治人才的政治性、专业性、职业性的特点，其人才规格总体说来还是相当高的，即使今天我国的高等教育已经进入普及化阶段，但法学类专业的人才培养规格并没有因为大学教育的普及化而降低，大学法学教育仍然是“精英教育”。《标准》还规定，“法学类专业基本学制为四年，各高校可在四年制模式基础上，实行弹性学制，但修业年限不得低于三年。完成各专业培养方案规定的课程和学分要求，考核合格，准予毕业。符合规定条件的，授予法学学士学位。”

本次《标准》对法学类专业学制问题，除规定基本学制四年外，提出了实行“弹性学制”的改革方案，这给了各高校法学类专业根据自身人才培养目标要求确定学制的很大自主决定权，是我国法学教育有关学制问题的一次重大改革。

一、国外法律人才培养的学制简况

（一）美国：两个阶段共计 7 年——大学非法学学习 4 年+大学法学学习 3 年

美国的法学教育位于本科之后，即在研究生层次上进行，它要求进入法学院的人必须有一个非法律本科（4 年）以上的学位，即文学学士（B. A.）或理学学士（B. S.）学位，然后经过严格的入学考试（Law School Admission Test，简称 LSAT）进入法学院，学习期限为 3 年。毕业后取得 J. D. 学位，可参加各州的律师资格考试。

（二）英国：三个阶段共 6 年——大学学习 3 年+律师学院培训 1 年+实习 2 年

英国法学院面向高中毕业生招收法律本科生，入校后经过 3 年左右的大学学习（学术训练阶段）后毕业，取得学士学位，学生具备基本的法律知识，如果要从事法律职业，必须再念 1 年的法律职业培训课程（职业训练阶段），然后进入专业实习阶段，准备做事务律师的，要在律师事务所进行为期 2~3 年的职业技能训练，准备做出庭律师的，必须实习 1~1.5 年，然后才可以取得律师资格，成为正式的法律工作者。

（三）德国：两个阶段共 6 年——大学学习 4 年+职业预备期 2 年

德国法学院（主要是公立法学院）学生从受过 13 年制或同等教育的中学毕业生中招收，学生在大学学习 4 年左右，之后参加第一次司法考试，它由大学考试（大学法律科目成绩占 30%）和国家考试组成。通过后进入 2 年的职业预备期，在法院、检察院、律师事务所和政府部门实习。最后参加第二次国家考试，通过后，便可取得充任法官、检察官、律师等法律职业的资格。

（四）法国：两个阶段5~6年半——大学学习4年+国家法官学院培训2年半（从事法官职业的）或在律师进修机构进修1年半（从事律师职业）

法国法学院招收本科学生时，中学毕业生一般需经过相应考试或满足一定条件才能进入大学法学院学习，比如，需具有法国高中毕业证书，或通过 TCF、DELF 等相应法语考试。部分英语授课课程，还要求学生的英语水平达到一定标准，如 B1 以上。部分学校可能还要求学生参加面试或提供个人陈述、推荐信等材料。法学院的学习期限为 4 年，4 年学习分为 2 个阶段，第一阶段学习法学基础原理和法律史，时间 2 年；第二阶段学生分方向分别选择“公法和政治学方向”或“私法方向”学习，时间 2 年。完成大学 4 年学业后，参加国家、地方团体或法律职业公会组织的考试，考试合格后，希望成为法官（含检察官）的学生，须经过国家统一组织的国家法官学院（ENM）入学考试，在国家法官学院接受为期 2 年半的法官基础教育（含实习），希望做律师的研修期为 1 年半。

（五）日本：四个阶段7~8年半———大学“法学部”学习4年+“法科大学院2~3年”学习+司法研修半年+实习1年

日本的法学教育主要由“法学部”和“法科大学院”承担。“法学部”的法学教育属本科层次，以培养学生的法律素养为目的。“法科大学院”的法学教育属硕士研究生层次，以法律职业教育为目的。学生由“法学部”毕业生和非“法学部”毕业生两部分组成，其比例为 7∶3，学制分别为 2 年和 3 年。“法科大学院”的毕业生可参加司法考试，通过者要在日本司法研修所接受为期半年的作为“法曹”的法律实务教育，并在法院、检察院、律师事务所实习 1 年，成绩合格者才能取得执业资格。

（六）韩国：两个阶段共6年——大学学习4年+司法研修2年（法学专门研究生院3年）

目前，韩国高等法学教育正处在新旧交替之中。原先的模式是学生在大学学习 4 年，之后参加国家考试，合格后进入司法研修院研修 2 年。2007 年，韩国国会通过了《关于设立并运营法学专门研究生院的法律》，该法引进美国法学教育模式，将法学教育确定为职业教育和本科后教育，从2009年开始，实行本科4年（其中1/3以上学生为非法律本科学生）+法学专门研究生院学习3年的法学教育教学新模式。

从美、英、德、法、日、韩等国法律人才培养的学制情况来看，它们的学制一般至少在5年半，大多数国家都将法学人才培养的任务交由高校和法律实务部门共同完成，法律实务界承担了法律人才职业培训及指导实习的任务，它们也是法学教育机构的重要组成部分。为什么大多数国外法学院校培养法学人才的学制要安排5年以上呢？原因主要有以下几点：

第一，是由法学人才的成长要求决定的。法学是具有很强实践性的社会科学，法律人才不仅需要在专门法学院校经过正规法学理论学习，打下坚实的法学理论知识基础，其成长还需要一个走入社会、参加职业训练、积累职业经验的过程。

第二，是由法律人才素质要求决定的。各国法学院校培养的法律人才都以培养律师、法官、检察官或行政官员为目标，各国对这些人才的素质要求都比较高，大都需要“扎实的法律知识+从业资格合格+较好的实务技能”三者合一，而每一项素质的养成都需要下苦功。扎实的法律知识需2~3年的认真学习才能基本实现，法律职业资格的考试有的国家需要安排2次考试，每一次考试的通过率都不是很高，实务技能的培养不是一下子的功夫，必须亲自参加实践，非一年半载都入不了门，更何况要集三者于一身，所以必定需要更多时间。

第三，是由法律人才职业性质和特点决定的。法律人承担的工作关涉生命安全、健康保障、财产安全、社稷天下……具有很强的专业性、职业性。专业的工作必须有专业的知识来支持，职业性强的工作必须有合格的职业技能来保障。专业知识的学习、职业技能的训练都需要一定的学习时间作为保证。

二、对我国法学专业学制设置的建议

长期以来，我国法学本科专业的学制一般设定为4年。但在法学专业的教学过程中，我们了解到，很多法学院负责人、法学专业教师普遍感觉到课时量不够，要做的事都没什么时间安排，法学专业的学生们也普遍感到学习时间吃紧，特别是每到第六或第七学期安排专业实习时，往往就会与准备法律职业资格考试（或与备考研究生）相冲突。季卫东先生曾在谈论中国法学教育时就描绘了4年制学制的尴尬，他指出，中国“真正的法律职业教育并没有展开。以本科为主的教育体系看起来好像是欧洲大陆的模式，但真正的法学教育时间只有1年，前2年通识课，第3年专业课，第4年写论文、实习、找工作。而且这1年基本是法律基础知识教育，所以就更有限了。”[7] 季先生说出了法学教育界对法学本科教育学制的普遍心声，其中当然也不乏有人提议改革我国法学专业本科学制，将其延长至5或6年。他们的立论基础在于认为我国法学教育应定性为法律职业教育。因为，作为职业教育，培养法律职业人是要在掌握一定法学专业知识的基础上，再通过一定时间的法律职业训练才能完成的。

那么，我国法学教育的性质到底是职业教育还是精英教育，抑或是别的什么性质的教育？其实，关于我国法学教育的性质问题确实存在过精英教育、职业教育与大众教育的争论。

法学教育精英论者认为，法学教育应培养既有深厚的专业知识，又要有良好的文化素养，还要有一定的法律实务能力、一定的创新创业能力，懂法律、懂外语、懂经济的复合型、涉外型、创新型专业人才。

法学教育大众论者认为，法学教育应是面向社会、公众的教育。高等法学教育的大众化是从1999年高校扩招开始的，一时间，普通高校法律本科专业招生规模成倍增长，同时各高校兴办法学专业者急剧增加，到2006年年底达到了600多所，在当年高校毕业生还只有400多万规模时，法学专业在校生规模就接近30万人。

法学教育职业论者认为，法学是一门实践性很强的学科，法学教育应在学生掌握一定法律知识的基础上，更注重培养学生的法律实务技能，因为只有具备一定的法律实务技能，法学教育所培养的人才才能适应用人单位的需要。

虽然多年来关于法学教育性质问题的争论不断，但我国法学教育仍在发展，法律人才仍不断被培养出来，法学人才就业难的问题仍没能得到很好的解决方案。但法学教育作为我国高等教育的重要组成部分之一，不能在性质不明的糊涂状态下培养人才，是时候给我国法学教育明确定性了。

2018 年 1 月，教育部发布的《普通高等学校本科专业类教学质量国家标准》明确了我国法学类专业教育的性质，认为“法学类专业教育具有很强的应用性和实践性，在国家民主法治建设中发挥着重要的基础性作用。法学类专业教育是素质教育和专业教育基础上的职业教育。”

第一，法学教育是职业教育。法学教育是以培养社会定分止争的裁判人才为目的的。从法学教育产生的历史来看，法学教育最早产生于古罗马，它是在古罗马社会商品经济发展、人们利益纠纷不断增多的情况下产生的。在古罗马，法学教育是贵族教育，无论是公立的法律学校，还是私立的法律学校，都是以培养能在政府部门从事职务的法律人才为目的，因而，在那时，法律教育也是一种奢侈的职业教育。

从波伦亚大学来看，法学院就是其所设置的三个学院之一，其他两个是医学院和神学院。这三种专业教育培养的律师、医师和牧师均是从事实务者。因此，法学教育一开始就是职业教育，由法律职业来定向。

今天要对法律职业的内涵作全面的理解，就专业化程度而言，法律职业者依次可分为三类：一是完全的法律工作者，如法官、检察官、律师、公证员等，传统上这些是法律职业的主体部分。二是半完全的法律工作者，指立法机关、政府法律服务部门的工作人员，基层法律服务工作者，企业法律顾问和仲裁员等。三是准法律工作者，包括人民调解员，基层的治安、保安人员等。

第二，法学教育是素质教育。根据《标准》，法学教育应培养法科学生的政治素质、专业素质、道德素质、科学人文素质等各方面素质。

法学教育应培养学生较高的政治素质，培养学生爱国、爱党、爱社会主义制度的情感，树立正确的“三观”。正如《标准 》所言，要把学生培养成为“热爱祖国，热爱社会主义，拥护中国共产党的领导，掌握中国特色社会主义理论体系，牢固树立正确的世界观、人生观、价值观”，政治素质高的高级专门人才。

法学教育培养的“法律人”应具有较高的专业素质，能掌握法学类专业的思维方法和研究方法，具备良好的人文素养和科学素养。

法学教育应培养学生养成良好的道德品格、健全的职业人格、强烈的法律职业认同感，具有服务于建设社会主义法治国家的责任感和使命感，具备健康的心理和体魄。

法学专业学生通过本科阶段 4 年的法学理论学习与实务训练，要求掌握本专业的基本理论和基本知识，形成法律思维、法治思维，掌握基本的法律实务能力。

第三，法学教育是专业教育。法学教育具有很强的专业性，法科学生在规定的学制时间内应掌握法学基本知识、基本理论，形成较好的法律思维，锻炼较好的法律职业技能。

法学专业培养系统掌握法学知识，熟悉我国法律和党的相关政策，能在国家机关、企事业单位和社会团体，特别是能在立法机关、行政机关、检察机关、审判机关、仲裁机构和法律服务机构从事法律工作的高级专门人才。法学专业学生主要学习法学的基本理论和基本知识，受到法律思维和法律实务的基本训练，具有运用法学理论和方法分析问题以及运用法律管理事务与解决问题的基本能力。

总之，法学教育是素质教育、专业教育基础上的职业教育，三者是个统一的整体，绝不是各自孤立的。法学教育作为职业教育，它要求所培养人才既要具有较高的素质，又要有深厚的法学专业知识，还要有一定的法律实务技能。深厚的法学专业知识需要在学校的专业学习中去习得，一定的法律实务技能需要在法律实务部门去训练，较高的素质需要在日常的学习、生活、活动和交流交往中培养。另外，要成为法律职业人，不跨过法律职业资格考试这一关也实现不了目标。达到所有要求，4 年的本科学习确实显得太短。因此，这次出台的《标准》对法学类专业学制的规定，及时回应了法治人才培养中有关学制的现实问题，解决了我国高校法学院系决策者们为法学专业学制太短而苦恼的问题，为法学类专业学制改革提供了参考。当然，多年传统形成的法学本科 4 年学制一旦要延长 1~2 年，其改革阻力也是不小的。

参考文献

[1] 全国干部培训教材编审指导委员会．建设社会主义法治国家［M］．北京：人民出版社、党建读物出版社，2019 年版，第 207 页．

[2] 中共中央文献研究室．习近平关于全面依法治国论述摘编［M］．北京：中央文献出版社，2015 年版，第 103-104 页．

[3]［6］郑永流．法学野渡：写给法学院新生［M］．北京：中国人民大学出版社，2017 年版，第 130 页，第 75-77 页．

[4]《习近平法治思想概论》编写组．习近平法治思想概论［M］．北京：高等教育出版社，2021 年版，第 159 页．

[5] 孙晓楼．法律教育［M］．北京：商务印书馆，2015 年版，第 24-25 页．

[7] 陈柏峰，尤陈俊，侯猛．法学的 11 种可能［M］．北京：中国民主法制出版社，2020 年版．

第四章

创新型应用法治人才培养的机遇和挑战

新中国成立以来，我国社会主义法学教育迅速建立并得到了一定的发展。改革开放以来，随着我国经济社会发展对法治人才的迫切需要，我国法学教育呈“井喷式”迅猛发展态势，到目前为止，我国开设有法学本科专业的学校有600余所，我国法学教育已实现了量的快速增长。但从总体上看，我国法学教育和法治人才培养却并不尽如人意。“比如，学科结构不尽合理，法学学科体系、课程体系不够完善；社会亟需的新兴学科开设不足，法学学科同其他学科交叉融合还不够，知识容量需要扩充；有的学科理论建设滞后于实践，不能回答和解释现实问题；有的教材编写和教学实施偏重于西方法学理论、缺乏鉴别批判，对中国特色社会主义法治理论研究不够深入；有的法学教育重形式轻实效、法治人才培养重专业轻思想政治素质，等等。”[1] 推进全面依法治国对我国法学教育和法治人才培养提出了新的要求，我国法学教育正进入由量的增长向质的提高转型发展的关键期，创新型应用法治人才的培养迎来了新的发展机遇。

第一节　创新型应用法治人才培养的现实机遇

一、推进全面依法治国、参与全球治理需要大量高素质法治人才

党的十五大把依法治国确立为党领导人民治理国家的基本方略，把建设社会主义法治国家作为建设社会主义现代化国家的重要目标。依法治国，就是在党的领导下，按照宪法和法律治理国家。依法治国，就是要改变以权治国的做法，使宪法、法律在国家治理中发挥重要作用。在以权治国时代，解决问题主要靠权力和关系，谁的权力大，关系过硬，谁就会在解决问题过程中占优势，在这样的情势下要解决问题，法律是不管用的，因为人们只相信权力，不相信法律。但法治时代则不同，人们解决问题是依据法律，法律在解决问题中发挥了重要作用，法律知识的意义发挥出来了。谁法律知识丰富，法律应用能力强，能解决问题，谁就会受到大家的尊重，赢得大家的认可。所以，进入依法治国时代，法治人才是很有地位的。

党的十八大以来，以习近平同志为核心的党中央高度重视法治建设，习近平总书记多次强调要抓好全面依法治国。全面依法治国被纳入了“四个全面”战略布局之中，党的十八届四中全会为全面推进依法治国进行了研究部署。推进全面依法治国，需要一大批讲政治、懂专业、有技能的高素质法治人才。同时，随着我国经济社会的不断发展，人们对平等、自由、公正、法治等政治文明的需求越来越多，程度越来越高，政治文明建设、社会治理也需要一大批懂法律、懂政治、懂治理、懂民情的法治人才。

改革开放以来，随着我国社会主义市场经济体制的确立、经济的发展，企业创新能力不断提高，企业的发展、治理都要求有相关法律来保

障，需要一大批懂经济、懂管理、懂法律的法律职业人参与到企业管理中去。同时，在经济全球化程度不断加深的过程中，中国企业要走出去，外国企业要走进来，这都涉及一系列的法律问题，法律对经济发展的保障作用日益突出，法律人才直接参与经济发展的程度越来越高。经济的发展也需要一大批懂法律、懂经济的法治人才。

随着对外开放程度的不断扩大，中国参与全球治理的广度和深度不断发展，需要一大批既懂得国际规则，又有较高外语水平，能够处理国际争端、解决国际关系问题的涉外型法治人才。

经济社会的发展、国家的治理、积极参与全球贸易与治理，使得社会对复合型、涉外型、创新型应用法治人才的需求越来越大，这巨大的高素质法治人才的需求，必然会推动我国法治人才培养的蓬勃发展。

二、新形势下我国法学教育自我发展的内在要求

改革开放以来我国法学教育多年积累的巨大成果，为新时代我国法学教育培养创新型应用法治人才打下了坚实的基础。

党的十一届三中全会以来，我国法学教育迅速恢复与发展起来，特别是党的十五大提出依法治国、建设社会主义法治国家以来，我国法学教育的发展更是加快了步伐。随着 1999 年我国高等教育扩招改革，法学教育也在扩招改革中蓬勃发展，一批批法学院相继建立，一个个法学本科专业相继开办，我国法学教育迎来了量的巨大增长。经过几十年的积累，我国法学教育取得了巨大的成就。一是法学教育性质尘埃落定，长期以来困扰法学教育界的法学教育性质问题得到解决，《普通高等学校本科专业类教学质量国家标准》明确“法学类专业教育是素质教育和专业教育基础上的职业教育”。二是法学教育规模的空前扩大，目前全国共有 600 余所院校开设法学本科专业，在校生人数超 60 多万人。三是教师队伍的壮大。目前我国高等法学教育教师队伍不断壮大，且学历职称明显提高，教师中“双师型”教师增多，达到了 60%左右，“双千计划”实施后，高等学校与实务部门法官、检察官等人员实行互聘，极大提高了高校法学教师的教学能

力。四是教学条件的改善。几十年来，各高校都加强了与地方法律实务部门的合作，纷纷以法院、检察院、律所等为依托建立法学实践教育基地，保障了法科学生专业实习场地的需要；在校内建设模拟法庭等实训基地，保证学生校内实务训练的需要；建设法学实验室，开设法律实务技能虚拟实验；加强图书资料建设，基本保证了法学专业师生学术训练的需要。五是人才培养经验的积累。针对传统法学教育教学中存在的种种弊端，各高校法学院积极推进教学改革，探索高校与法律实务部门协同育人新方法，积累一定的法学教育经验，取得了许多有影响力的教学成果。

我国法学教育几十年积累的办学经验，为新时代我国法学教育进一步发展准备了条件，打下了坚实基础。

三、党和国家对培养高素质法治人才的大力倡导和支持

党的十八大以来，以习近平同志为核心的党中央高度重视法治建设，认为“全面推进依法治国，是解决党和国家事业发展面临的一系列重大问题，解放和增强社会活力、促进社会公平正义、维护社会和谐稳定、确保党和国家长治久安的根本要求”[2]。2014 年 1 月 7 日，在中央政法工作会议上，习近平总书记就加强政法队伍能力建设问题提出，要“加强和改进法学教育，改革和完善司法考试制度，建立健全在职干警教育培训体系”。2014 年 10 月，习近平总书记又在党的十八届四中全会第二次全体会议上的讲话中指出：“全面推进依法治国，建设一支德才兼备的高素质法治队伍至关重要。”2017 年 5 月 3 日，习近平总书记视察中国政法大学，在中国政法大学座谈会上的讲话中，他以“立德树人，培养德法兼修的法治人才”为主题论述了全面做好法治人才培养工作的重要问题。他说：“全面依法治国是一个系统工程，法治人才培养是其重要组成部分。”“建设法治国家、法治政府、法治社会，实现科学立法、严格执法、公正司法、全民守法，都离不开一支高素质的法治工作队伍。法治人才培养上不去，法治领域不能人才辈出，全面依法治国就不可能做好。”[3] 他指出，“高校是法治人才培养的第一阵地。”“高校是贯彻社

会主义法治理论的重要阵地，也是推进法治理论创新的重要力量。办好法学教育，必须坚持中国特色社会主义法治道路，坚持以马克思主义法学思想和中国特色社会主义法治理论为指导。”并对我国法学学科发展、教材体系建设，法学教育中如何处理好法学知识教学和实践教学的关系等问题进行了全面阐述，指出我国法学学科和教材体系建设，要“深入研究为谁教、教什么、教给谁、怎样教的问题。”“法学教育要处理好法学知识教学和实践教学的关系。学生要养成良好法学素养，首先要打牢法学基础知识，同时要强化法学实践教学。”[4] 他还就如何打破高校与法律实务部门的体制壁垒，将社会法治教育资源引入高校，实现高校与法律实务部门合作培养法治人才问题进行了深刻阐述。法治人才的培养离不开高素质的教师队伍，习近平总书记高度重视法治人才培养师资队伍建设，并对法学专业教师的思想政治建设提出了要求，他要求“法学专业教师要坚定理想信念，成为马克思主义法学思想和中国特色社会主义法治理论的坚定信仰者、积极传播者、模范实践者，在做好理论研究和教学的同时，深入了解法律实际工作，促进理论和实践相结合。”他希望“法学教育要坚持立德树人，不仅要提高学生的法学知识水平，而且要培养学生的思想道德素养。首先要把人做好，然后才可能成为合格的法治人才”[5]。2018 年 8 月 24 日，在中央全面依法治国委员会组建后的第一次会议上，习近平总书记发表了重要讲话，讲话中习总书记把加强法治工作队伍建设和法治人才培养作为做好全面依法治国的重点工作之一，指出“高校是法治人才培养第一阵地，思想政治教育特别是法治教育要坚持党的教育方针，坚持立德树人，解决好为谁教、教什么、教给谁、怎样教的问题，更好发挥法学教育基础性、先导性作用，提高法治人才培养质量。”[6] 党中央对法治人才培养的高度重视、习近平总书记对高校法学教育的亲切关怀及对法治人才培养的殷殷教导，为新时代高校培养创新型应用法治人才提供了遵循和指南。

第二节　创新型应用法治人才培养面临的挑战

一、传统法学教育积弊短期内难以消除

（一）传统法学教育重理论教学轻实践教学问题积弊较深

在当下高校法学教育中，理论教学与实践教学的关系并未得到很好的解决，重理论教学轻实践教学的习惯性思维和做法仍很普遍。在课程安排上，理论教学任务通常可以优先安排，而实践教学任务则经常作为平衡教师工作量的“搭头”来进行安排。在教学实施方面，教学中法学理论教学得到了应有的重视，教师们精心备课，认真上课，学生们认真听课，该记的记，该背的背，教师与学生间在法学理论教学上形成了较顺畅的互动关系；比较而言，实践教学的“待遇”却显得有些尴尬，指导实践教学的教师经常轻装上阵，他们不用备课，将学生带至实习场所（例如法院、律所等），隔三差五能去看看已是很负责任的表现了，学生们在实习场所的表现则各有差异，当然不乏态度端正、认真实习的学生，但一些学生混日子的现象仍然存在。在教学考核方面，理论课教学已形成了一套相对完善的考核机制，以考试考核为例，各校在课程考试考核的管理方面，大致有这样几个管理环节：教师结束新课—教研室组织教师命题—教研室审核—学院审核—学校（或学院）组织考试—教研室组织任课教师（或助教）阅卷—任课教师进行试卷分析—进行课程教学总结。教师教学效果的优劣，可以通过直观的考分进行评判。但实践教学的考核就不一样了，学生实习结束后，收获到底如何，大多数的考核只能凭学生在实习总结上自说自话，即使是要求第三方（即实习单位）来进行考核，一般来说，实习单位也大多喜欢做“好人”，普遍性都会给学生“优”的评价，不能真正反映学生实习效果，更何况评价的标准也难以统一，即使有负责任的学校制定

了实践教学考核评价标准，但大多主观性强，难以把握。从管理上看，法学理论教学由于大多在学校课堂上进行，时间、地点、教师等被管理要素明确，并且学校层面有教务处、质监处以及质监处委托的学校督导团的管理，院系有院教学管理班子、院（系）督导的管理，另有学生教学信息员提供相应管理信息，已较好地构成了一个网格化的管理体系。但实践教学管理却面临诸多困境。一是实践教学地点多、点分散，难以集中管理。法学类实践教学实习基地多为法律实务部门或企事业单位，且每个实习点安排人数不会太多，因此，往往一个教学班或年级的学生每安排一个实习项目时需安排多个地点进行，这给管理带来了诸多不便。二是实践教学管理多以抽查方式进行，即使抽到某个实习点检查，也是极个别现象，因为频繁的抽查检查一方面会打乱实习进程，影响实践教学工作；另一方面，频繁的抽查检查也会极大增加教学成本，往往得不偿失。三是由于法学实践教学项目较多，每个项目管理要求不统一，无形中又给管理增加了难度。上述三点原因，造成法学实践教学管理难以形成体系，实践教学管理往往采用“放羊式”管理方式，基本上流于形式。[7]

事实上，如何处理法学理论教学与实践教学的关系问题一直是法学教育中存在的非常棘手问题之一。早先的法学教育其实是既有重视法学理论教育的传统，又有重视法律职业技能教育的有益做法。从理论学习的角度看，“罗马法学家著书立说，解答咨询；东汉诸大儒作章句注释，聚徒授业；唐宋国子监里的读经习律……波伦亚大学里的‘法典’考据”都特别重视法学理论学习。至于“英伦法律会馆的职业陶养”“清代州县衙门里的拜师学幕”，则特别强调法律技能学习。而将法学理论学习与实践学习很好结合的探索，则是兰德尔就任美国哈佛大学法学院院长以后的事，兰德尔率先在哈佛推行案例教学法，教导法学院的学生既要学习法学理论知识，又要掌握处理案件的实践技能。

经过几十年的实践，到 20 世纪初，案例教学法被作为法学教育的新创造为大多数法学院所采纳。此时，关于如何处理法学教学中理论教学与实践教学的关系问题也形成了一定的结论，斯旺在 1919-1920 年任耶鲁大学法学院院长时对法学教育的实践性与理论性的关系作了明确的说明：大学法学院有双重职能，通过案例教学法训练使学生在他们选择的职业里成为成功的实践者；同时，尽管很少有法学院认识到这一点，通过科学地研究和分析现行法律，通过比较研究其他国家的法律，通过对法律实施和立法的缺陷提出批评和建议，通过将法律与社会的其他制度相联系，法学院也应该致力于改进法律……除了纯粹的职业训练以外，大学法学院有义务通过其教师的研究和教学关注法学教育更深层的问题。

在我国法学界，重法学理论教学、轻法学实践教学的状况并没有得到根本改变，特别是20世纪90年代末以来，随着我国法学教育的不断扩张，法学实践教学资源的相对不足，更是严重影响了法学实践教学的正常开展。

法学教育中理论教学与实践教学地位的不平衡状况严重影响了法治人才的培养质量，阻碍了法学专业人才培养目标的实现。

（二）法学院校、法学教师固守传统教学方式，对新时代法治人才培养缺乏思考和准备，思想上转不过弯

一些法学专业教师上课老一套，没法吸引学生兴趣，经常是一本教材、一个U盘，每到上课时，U盘一插，看着PPT一顿念。案例陈旧，没有半点新意。概念讲不清，理论讲不透，讲课内容不取舍，经常抱怨内容讲不完，既不能授学生以“鱼”，更不用说“渔”了。

一些法学专业教师“敬业”精神很强，对自己承担的课程感到特别重要，觉得只要学生学了他的课，就可以成为“能人”了，而对其他课程持忽视态度。他们在自己所从事教学与研究的学科领域架起了“高墙”，好像只要有人进来，他们就会群起而攻之。他们把法学学科看成了他们的饭碗学科，把法学专业看成他们的饭碗专业，不允许有别的学科的老师来侵犯他们的领地，在法学内部各领域间同行相轻，对于一些非法学专业课程，更是不屑一提。他们不懂得“法学作为一门社会科学，其要真正深入研究社会现象，把握人类活动的规律，并构建科学合理的社会行为规范，仅仅靠法学自身的知识是不够的”道理。[8]

现代社会，法律具有极强的渗透性，法律渗透在社会生活的方方面面。现代信息技术的发展与“互联网+”技术的广泛应用，使社会事务变得更加复杂，光靠法学自身的学科知识已不能完全解决社会上存在的问题。例如，刑法学上大家关心的犯罪人保护、死刑存废问题的解决，就需要心理学、社会学、民俗学、刑法学等多学科知识。又如，解决全球变暖、食品安全、产品质量问题，也需要综合社会学、经济学、政治学、法学等多学科知识。[9]

当然有一些教师就不那么敬业了。他们有“双师型”教师之名，既是大学老师，同时又是某个律所的挂牌律师，这当然是值得骄傲的，因为国家鼓励法学教师具有“双师型”资格，并将“双师型”教师占专业教师的比例纳入了教育部各类评估的指标中，同时，法学教师亲自代理一些案件，有亲身办案经历，对其提高教学效果确有一定的促进作用。但令人遗憾的是，一些拥有“双师型”资格的法学教师，不能正确处理本职工作和在外兼职工作的关系，本末倒置，把在外从事律师的兼职工作当主业，而把学校的正式教师职业当副业。一些人把主要精力用于代理案件、充当辩护人，经常为取证、出庭请假，对教学工作敷衍了事，严重影响了正常的教学秩序。所以，人们发现现在的法学院系师资力量强大了，有强大的博士阵容，有一批“双师型”教师，学科“杠杠的”，课题多多的，论文还真不少，可培养的学生是一届不如一届，人才培养质量不升反降。

在法学教育中，一些教师重专业理论教学而轻学生的思想政治教育现象也比较突出。一些法学教师对新时代培养法治人才应具有“政治性、专业性、职业性”的要求不了解、不清楚，只凭传统习惯上课，觉得只要教给学生一定的法学理论、法学知识就够了，对法学教育的基本问题缺乏认识，不懂得法学教育为谁培养人、培养什么人、怎样培养人三者的关系，更不明白为谁培养人的问题在人才培养中的重要意义。事实上，为谁培养人的问题是法学教育的核心问题，它关系到培养人才的方向，关系到我国法学教育为中国特色社会主义事业培养建设者和接班人的问题。而在实践中，2021 年 5 月教育部办公厅发布的《法学类专业教学质量国家标准

(2021年版)》里，对培养规格就有要求，其中的“素质要求”的主要内容都是关于政治思想方面的，其具体内容包含了“热爱祖国，热爱社会主义，拥护中国共产党的领导，掌握中国特色社会主义理论体系，牢固树立正确的世界观、人生观、价值观。掌握法学类专业的思维方法和研究方法，具备良好的人文素养和科学素养。养成良好的道德品格、健全的职业人格、强烈的法律职业认同感，具有服务于建设社会主义法治国家的责任感和使命感。具备健康的心理和体魄”。

（三）法学教育以准备法律职业资格考试为指挥棒，教学碎片化现象严重

适应法律职业专业化和精英化的要求，相关法律规定从事法官、检察官、律师、公证员等法律职业必须要通过统一的国家法律职业资格考试，并取得法律职业资格证书。通过国家法律职业资格考试（以下简称为法考）并取得法律职业资格证是从事法律职业的一道槛，也是法学教育中教师和学生心中的一道槛。为跨过这道槛，教师在课程教学中往往以法考知识点讲解为要，围绕法考知识点一个一个进行讲解。讲课时教师每讲一个知识点，都要提醒学生这个知识点是不是法考考点、怎么考，而对不作为法考考点的内容就避而不讲，学生们也乐此不疲，即使这样的课毫无生气可言，但为了法考，学生都能忍。这种知识点式的碎片化教学，严重割断了一门课程的体系结构，学生虽了解该课程的一些知识点，但对整个课程缺乏系统把握，缺乏对法律理论背后事实和原因的探索，更不要说培养学生的创新精神、开拓精神了。

二、法学教育资源相对不足难以满足创新型应用法治人才培养的需要

如前所述，改革开放以后我国法学教育在经历了一段时间的恢复发展后，到党的十五大提出依法治国、建设社会主义法治国家，我国法学教育又迎来了一波发展高潮。到目前为止，我国开设法学本科专业的院校达600多所，在校学生人数有60多万人。

法学专业近年来的急剧扩张，给我国法学教育带来了许多难以解决的

问题，严重影响了法治人才培养质量。

（一）教师数量、质量的不足

一般情况下，很多学校在申报法学专业时，大多是 3~5 个专业教师，再借用其他专业几个博士、教授凑足了十几个专业教师，就可以满足申报师资需要，然后再建设一间模拟法庭，准备一间图书室，基本就达到了申报办法学专业的基本条件，即使法学专业是国家控制布点专业，但在急需培养法治人才的当下，上述条件也是可以争取到开设法学专业的。一旦专业申请成功，借用的教师回归原专业，于是 3~5 个教师就开始撑起一个法学专业，即使后来陆续引进一些专业教师，但目前在很多学校，特别是地方本科院校，一般专业教师都不超过 15 个，离国家要求的专业教师配备标准相差较大，于是乎法学专业老师成了万金油，什么课都要上，什么课都能上，师生比在 1∶25 以上的情况是普遍现象。

（二）校内教学实训场地相对不足

很多学校开办法学专业时建了一间模拟法庭，多年过去了，校内法学实训场地还是一间模拟法庭。特别是一些以工科为发展龙头的地方本科院校，教学经费本就有限，加上工科投入较大，分配到法学专业建设校内教学实训场地的经费几乎多年为零。这种状况严重影响了法学专业的人才培养质量，特别是在近两年新冠肺炎疫情影响下，学生到校外实习的途径几近堵塞，校内教学实训场地就对法治人才的法务技能训练发挥着非常重要的作用。

（三）校外专业实践教育基地不足

法学专业的急剧扩张与法院、检察院、律所等法律实务部门的有限性造成了法学专业实践教育基地严重不足的状况，地方本科院校的情况可能稍好一些，在省会城市或一些高校相对较多的地级市，往往是几所或十几所都有法学专业的学校共同争抢本市本来就有限的专业实践教育基地，每个学校争不到几家法院、检察院或律所作为基地，当然也满足不了每年上百学生专业实习的需要。

（四）图书资料严重不足

一些高校法学院系没有设置专门的图书室，一些高校法学院系虽有图书室，但多年不购置新书，图书资料陈旧，全然不能满足师生查阅文献资料的需要。

三、创新型应用法治人才的高规格要求带来的挑战

《法学类专业教学质量国家标准（2021 年版）》对创新型应用法治人才提出了较高规格的培养要求，包括知识要求、能力要求和素质要求。对于法治人才而言，知识要求是最基本的要求，因为知识是基础，没有一定的专业知识和人文社会科学知识基础，所培养的法治人才就不能成长为专业人才；创新型应用法治人才要具有一定的职业技能，否则就是空有满腹经纶，断不能解决实际问题；同时，创新型应用法治人才还应具备较高的素质，包括政治素质、思想道德素养、人文素养等要求，这些要求是创新型应用法治人才能在未来顺利发展的重要条件。

要成为一个合格的创新型应用法治人才不仅要同时满足以上三大要求，还应掌握运用法律进行治理的能力，“治”的能力是目前大多数法学院还没有关注、当然也没有引起重视的能力，但这却是法治人才必备的能力，这一能力的培养可能在未来一段时间需要各高校法学院系好好研究。

此外，创新型应用法治人才的培养也还有来自国外法学院校的竞争。随着中国的市场逐步对外开放，在法学教育领域也出现了来自域外的竞争。域外一些国家和地区的法学院和律师事务所来到了中国，慕课（MOOC）和网络公开课也引了进来，我国法学教育面临空前增加的竞争压力。法学教育的质量竞争、人才培养质量的竞争对各法学院的生存发展都至关重要，同时，对我国法学教育人才培养带来了严峻的挑战。

第三节 创新型应用法治人才培养的路径建议

适应我国法治人才培养的新形势，努力造就一大批高素质复合型、应用型、创新型法治人才和后备力量，我们一定要对传统法学教育进行反思，吸收其有益做法，摒弃其不利于新时代法治人才培养的做法，努力开拓创新型应用法治人才培养的新路径。

一、树立创新型应用法治人才培养理念

传统法学教育以培养法律人才为目标，党的十八大以后，随着全面依法治国方略在我国的深入推进，社会对高素质法治人才的需求日益旺盛，我国法学教育人才培养目标逐渐转变为培养高素质法治人才。“法律人才”“法治人才”虽一字之差，但其内涵差别很大，这是我国法学教育人才培养理念的一次重大转变。

我们知道，任何一种改革在关键时期、在深入发展时期，理念的转变是最关键的问题。理念滞后，就会阻碍法治的发展，阻碍学科的发展，甚至出现以法治之名行人治之实的情况。因此，在法治人才培养中，法治理念的确立显得特别重要，只有通过法治理论的提升、法治理念的转变，才能真正地树立起法治的理念，按法治之理行事。在创新型应用法治人才的培养过程中，我们要做的第一件事，就是要转变人才培养理念。

明确创新型应用法治人才的素质要求，以培养法科学子多元知识结构、批判性思维、积极实践思想、崇高职业伦理为着力点，将创新型应用法治人才培养贯穿学生本科学习全过程。

第一，树立多元知识结构是创新基础的观念，教育学生不忘本分，努力学习，掌握扎实的法学基本知识，拥有宽阔的法律视野，为创新打下牢固根基。

第二，树立批判性思维是创新工具的观念，改革课堂教学“满堂灌”的做法，鼓励学生多角度思考问题，培养学生独立思考能力。

第三，树立实践是创新源泉的观念，鼓励学生积极参与法律实践，在实践中解决现实法律问题，形成新的法律思想，锻造能力。

第四，树立崇高的职业伦理是创新的保证的理念，在创新型应用法治人才培养中教育学生正确处理“德”与“技”的关系，培育学生忠于法律、公平正义的职业操守。

二、做好创新型应用法治人才培养的顶层设计，制订科学的人才培养方案

贯彻创新型应用法治人才培养理念，科学制定人才培养方案，培养方案要以创新型、应用型法治人才培养目标为出发点，以增强学生创新能力和提高法律职业素质为主线，以先进性、针对性、实用性为原则，构建一个与知识、能力、素质结构紧密吻合的课程体系。

第一，在知识结构方面，以博大与精深为要求进行构建：在博大方面，精心构建好法律横向学科的知识体系，如可安排会计与财务管理、哲学、社会学、政治学、逻辑学等课程；在精深方面，构建好法律学科自身纵向知识体系，包括法学理论性知识课程、法律案例性课程、法学方法论课程、法律思维训练类课程、法治理论课程等。

第二，根据人才培养的能力要求，科学设置实践课程体系，适当增加实践教学课时和学分，使实践教学课时达到总课时的20%以上。改革传统实践教学与理论教学“两张皮”现象，在理论教学中合理设置实践教学环节，使理论教学与实践教学相融合。

第三，设计好法律实验教学，使法律实验教学成为创新型应用法治人才培养的重要平台。

第四，充分挖掘并充实各专业课程的创新创业教育资源，开展创新创业教育。设置一些独立的创新创业课程和实践环节，有针对性地加强学生创新创业能力培养。如应对人工智能发展大趋势，培养创新型应用法治人

才，设置“人工智能+法律”类特色课程。

三、打造一支能适应创新型应用法治人才培养的师资队伍

法学教师是培养创新型应用法治人才的关键，教师的思想、思维、对培养高素质法治人才的态度及做法等，直接关系到人才培养目标的实现。因此，围绕创新型应用法治人才培养目标的实现，推进教师队伍建设改革非常重要。

第一，改变传统法学专业教师“专业化”思想，鼓励一部分具有跨学科教育背景的教师加入法学专业教师“大家庭”，特别是既有政治学、经济学、社会学、人工智能等方向教育背景，又有法学教育背景的老师。第二，注重教师学缘结构，鼓励教师出国深造。第三，注重“双师型”教师队伍建设，鼓励教师到法律实务部门挂职锻炼，或利用业余时间到行业从业。第四，采取培养和引进双重推进方式，以职称、学历、学位、学缘、年龄等方面的合理配置为重点，不断优化教师队伍结构。第五，实现高校教师与行业专家互聘，探索高校与地方法院、检察院、律师事务所联合培养教师的新途径。第六，根据学生法律实务实践教学需要，建设一支数量够用、素质较高、责任感强的学生实习指导教师队伍。

四、以创新型应用法治人才知识掌握为抓手，推进理论课教学改革

瞄准法学教学改革前沿，积极吸收和采纳国内外创新型应用法治人才培养的先进理念，把教学目标从单纯的知识传授和灌输转变到培养学生的能力，特别是创新能力培养上。

第一，以提高学生创新能力为目的，改革课堂教学方式。在法学专业核心课程中开展案例式、辩论式、诊断式、讨论式教学，培养学生自主学习能力、法学思维能力、法律表达能力、法律事实探知能力、法律证据的收集能力，提高学生课堂教学满意率。

第二，加强课程建设，建设一批国家级、省级、校级精品示范课。这些课程要具有一定代表性，既要有理论课程，也要有实践课程，还要有实

验课、创新创业课等。

第三，改革考试方法，将书面考试、面试、辩论等有机结合起来，评出学生的课程成绩，通过考试方法改革，将学生的学习重心从单纯追求学习知识转移到学习知识、增强能力、提高素质上来。

第四，强化教师科研、教师实践对教学的促进，实现科研、实践与课程教学的有机结合。采取有力措施，使教师在教学、实践中寻找科研课题、出科研成果，并及时将科研成果转化为教学成果。

第五，编写特色教材。根据学生能力培养的需要，编写校本教材、特色教材，如案例分析类教材、实践教学类教材、创新创业类教材等。

五、以创新型应用法治人才实践能力锻造为抓手，推进实践教学改革

以创新型应用法治人才实践能力锻造为抓手，形成与实务部门合作育人机制，双方制订人才培养方案、共同组织实践教学团队、制定实践教学大纲，形成常态化、规范化的实践教学实施机制。

第一，创新实践教学模式。在学生实习中推行“一对一”实习教学模式，即一个法官指导一个学生，一个律师指导一个学生。

第二，科学设置实践教学环节，构建科学合理的实践教学体系。根据循序渐进的原则从大一到大四全程安排实践教学，实现学生全程学习期间实践教学不断线，实践教学内容从易到难，使学生法律实践能力和法律思维不断得到训练、提高和升华。

第三，利用周末，聘请行业专家对学生进行创新创业培训，开展“周末筑梦工程”活动。

六、加强创新型应用法治人才培养的教学条件改善

根据创新型应用法治人才的知识、能力和素质等培养要求改善教学条件。

第一，模拟法庭建设。完善模拟法庭建设设施，为创新型应用法治人才培养提供良好的实训场所。

第二，法学实验室建设。着力加强实验室软件建设，使法学实验室真正成为培养创新型应用法治人才的良好教学场所。

第三，物证科学实验室建设。建成物证科学实验室，使其可以提供痕迹物证、文书物证的司法鉴定，为培养学生的实务能力搭建平台。

第四，法律诊所建设。建设好法律诊所，使其成为培养创新型应用法治人才法律实务能力的重要平台。

第五，加强图书资料建设，使图书资料能满足创新型应用法治人才增长知识、拓宽视野、进行科学研究的需要。

第六，建立法律服务中心，使中心成为创新型应用法治人才培养的重要平台。

七、拓宽就业途径，使创新型应用法治人才能人尽其用

加强理论和实践教学工作，提高学生法学基本功和司法实务能力，提高毕业生的就业率，让学生找到合适的工作岗位。

第一，加强就业宣传和指导，引导学生树立正确的就业观，为毕业生提供就业信息和服务，鼓励毕业生到基层工作，为地方经济社会发展服务。

第二，为了提高毕业生就业率，要狠抓学生法考过关率，在现有法律职业资格考试制度下，要做到学生第一次法律职业资格考试过关率达 50%以上，在校期间过关率达 80%以上。

第三，举办公务员考试培训班，为学生参加法院、检察院的招聘考试，省委组织部的选调生考试，国家和地方公务员考试创造条件。

第四，鼓励和指导学生考研，为每一个考研的学生都安排相应的指导老师，指导老师对学生进行专业辅导和提供相应的考研信息，让毕业生考上研究生的比例达 20%以上。

第五，开拓毕业生就业新模式，鼓励学生根据自身特点和市场需要，进律师事务所、法律服务所、企业，从事法律实务工作。

八、推进教学管理制度改革，为创新型应用法治人才培养提供制度保障

第一，建立导师制度。从新生入校开始，为每一个学生都安排指导老师，每个指导老师指导 10~12 个学生，建立学生与导师的固定联系。指导老师负责指导学生大学四年的思想、学习、生活、就业等各方面。指导老师每一个月组织学生举行一次读书报告会，指定学生做读书汇报，指导老师点评；每个学期组织一次有意义的课外活动；每个学期组织一次思想汇报会，及时了解学生的思想动态。

第二，制定规范的教学制度。教师要严格遵守备课、上课、课外指导、听课、评课制度。重视课堂质量，教师必须严格按照课程标准和课堂教学的目标实施课堂教学，教师要重视启发式教学方法的运用，积极探索自主、探究、合作的教学方式，实现知识与技能、过程与方法、情感态度价值观的“三维”目标。规范学生作业，提高作业的质量，教师对布置的课后书面作业要目的明确、分层设计，并认真批改、严格督促；要适当增加实践型、探究性作业。加强课后辅导，要积极开展学生课外活动，开拓视野，培养兴趣，促进学生个性化发展。

第三，建立并落实教师激励政策与措施。制定具体的、细化的教师教学、科研奖励制度。

第四，建立人性化的学生管理制度和科学、公平的学生评价制度。树立“以学生为本、以学生为中心”的管理理念，充分尊重学生人格、价值和合理利益，为学生提供展示个性的机会与发展自我的平台。具体表现为在学习管理制度、学籍管理制度、生活管理制度、课外活动管理制度中关爱学生，让学生健康成长。建立科学、公平的学生综合评价制度、奖励评优制度、违纪处罚制度，给学生创造公平、公正的竞争机会。

创新型应用法治人才的培养是一个系统工程，需要多方面的配合和多种措施的综合配套，但在创新型应用法治人才的培养过程中，有三点是我们要特别重视的。

第一，要更加注重对法治理论的研究。以习近平法治思想为指导，坚

持从解决法治中国建设的实际问题出发，探索中国法治建设的规律。深入开展中华优秀传统法律文化研究，汲取中华优秀传统法律文化中的积极法治元素。要深入研究中国共产党领导的革命根据地法治建设的理论成果、实践成果。用中国化法治理论研究成果指导创新型应用法治人才的培养，培养更多更好的能解决中国法治建设问题、扎根中国法治建设的优秀法治人才及后备力量。

第二，要更加重视理论与实务的结合。在当前法学教育中，法学理论教学与法学实践教学相脱节的情况仍很严重，往往理论是理论、实践是实践。近十多年来，无论是高校法学院系，还是法律实务界都对法学教育的这一问题比较关注，这一问题虽有改进，但改进速度不快、幅度不大、程度不深，以致理论与实践相脱节的情况仍很严重。今后的法学教育改革中，对这一问题要持续关注，并想方设法逐步解决，使法学院能培养出既有扎实法学理论功底，又掌握较好法律实务技能的优秀法治人才及后备力量。

第三，要更加重视法学教育改革的研究。要以培养法律人的创新能力、法律职业技能为重点加强法学教育改革。目前存在的一个普遍现象是，我们培养的学生只会死记硬背一些法条、基本概念，不懂灵活运用。当今时代是信息化时代，知识更新很快，新概念、新用语更新频度很快，光靠大学生所记忆的一些法律术语、法律名词来解释现实中迅速变化的法律现象或法律事件，已远远不能解决这些问题。因此，高等法学教育应注重培养创新型应用法治人才，只有敢于创新，有了把知识变活的能力，而不是去死记硬背，不是简单地按前人的路去走，才会有更快更好的发展。

参考文献

[1] [3] [4] [5] [6] 习近平．论坚持全面依法治国［M］．北京：中央文献出版社，2020 年版，第 174-175 页，第 174 页，第 174-177 页，第 174-180 页，第 235 页.

[2] 中共中央文献研究室．习近平关于全面依法治国论述摘编 [M]．北京：中央文献出版社，2015 年版，第 6 页.

[7] 张先友．理论、实践、检思："一对一"司法实务实习教学模式的构建 [J]．当代教育理论与实践，2021 年第 2 期.

[8] [9] 王利明．法学应当步入知识融合时代 [N]．北京日报，2019-09-02.

第二部分

实践篇

第五章

创新型应用法治人才的思维训练

“对于法律人（Jurist /lawyer）来说，‘思维方式甚至比法律知识更为重要。因为法律知识可以随时学习，法律条文可以随时查找，但是思维方式却是要靠长期的专门训练才能养成的。’”[1] 确实，法科学生们经过学校的专门法律学习，学习了很多的法律知识，毕业之后，有的可能从事法官工作，或者从事检察官、执法类工作，也有的从事律师工作，或者法学研究，或者其他非法学相关工作，经过一些年的工作磨砺，你也许会发现，在大学法学院学到的一些法律知识和概念可能都已经忘了，但在大学法学院里初步形成的那一套法律思维方法，却终生难忘，法律思维将伴随法律人终生。所以，高等法学教育培养创新型应用法治人才及后备力量必须重视学生法律思维的培养。

第一节　创新型应用法治人才的思维特征

思维方式是作为认识主体的人在对客观事物认识过程中所持的认识模式和方法。一般来说，认识主体的思维方式的形成与其学习经历、学习内容、工作特点、生活阅历等密切相关。因此，不同职业群体就会形成不同的思维习惯，具有不同的思维特征。例如，同样是面对一个小朋友，我们一般人常常会从可爱不可爱的视角来观察他，而医生则会从身体健康不健康的角度来观察他，教师则一般会从小孩聪明不聪明的角度来观察等，这些观察问题的不同视角，实际上都是由于受到职业习惯或者说是职业思维的影响形成的。

对于法律人来说，其思维特征也与一般人的思维有很大不同，法律人最常见的思维方式就是规则思维，看问题想事情更倾向于从合法不合法的角度思考。他们要么是根据法律来思考，要么是进行“关于法律的思考”，要么从权利、权力、义务、责任的角度来思考。总之，法律人的思维有其自身的特征。

总体上看，法律人的思维特征主要表现在以下几个方面：

一、规范性思维

法律人思考问题的第一准则是该问题符不符合法律规范，这是根据法律来思考的表现。每当法律人面对问题的时候，他首先考虑的是这个问题在法律里是怎么规定的，接着他就会去分析法律规范构成，分析其法律规范的构成要件、适用范围和法律效果，然后将所要解决的问题或法律事件与法律规范相涵摄，分析该问题或法律事件是符合法律规范还是不符合法律规范，作出合法或不合法的判断。我们把这种自觉运用规范进行思考的方法称之为规范性思维，无论法官、检察官、律师、仲裁员、公证员，还是其他法律职业者，都具有规范性思维。因此，规范性思维是法律人思维的最重要的特征。

二、专业性思维

尽管法律人都遵循规范性思维，但由于法律人的职业各有特殊分工，各职业的专业性要求又很高，因此他们在具体的工作中，其思维方式与其工作特点又紧密相连，在遵循规范性思维的同时，其思维方式还带着鲜明的专业性思维特点。

例如，作为立法者（无论是身在全国人大及其常委会的立法者，还是地方性法规的立法者），他们都具有立法者特有的思维。“立法者最重要的是要把所有不同的政治和社会诉求转换为制度语言。因而，必须具有一种开创胸怀和承认妥协的精神，才能把各种异议反映到法律当中去，继而加强对各种各样的法律诉求的制度化整合，形成立法技术非常精确的统一的法律体系。”

“从司法者的角度来看，最重要的是对法律精神的坚守和维持法律规则的运行。这时候司法者的独立地位、学识、人品等都具有非常重要的意义。……我们认为法院是一个法律判断的终局性机构，而法官一定非常睿智和具备专精知识，这才能有底气做出以上的判断。……但对法官来说，最重要的还是要做出正确的法律判断，保证法律规则的准确实施。”[2]

在我国，检察官既要承担依法惩治犯罪的职责，也承担法律监督的职责，还承担着环境保护、未成年保护等事关公共利益保护的公益诉讼职责，而他们在承担不同的工作职责时，其思维特征也有其特殊性。从依法惩治犯罪、维护司法公正的一般规律来看，检察官办理一件案件，至少涉及法律逻辑方面的思维和案件事实方面的思维，他们要做到对案件事实认识清楚、适用法律准确、严格按照法律程序办案，在这一过程中，他们既要遵循规范性思维，也要遵循程序性思维，更要坚守平等思维等。在法律监督方面，检察官们公正无私、刚正不阿，他们既要有规范性思维，也要有开拓思维，能根据情势的发展和使命担当提出合乎法律规范的检察建议。在公益诉讼方面，检察官是公共利益的代表，他们会在遵循规范性思维、程序性思维、证据思维的诉讼中践行为民情怀。这三者实际上就成了检察官思维最重要的构成。但不管检察官在工作中承担什么角色，其在职业中体现的基本思维还是规范性思维，即严格遵守法律规范履职。

律师是法律职业者中最活跃最接地气的群体之一，律师最重要的特性是其一直坚持一种内在的批判精神，这是律师最本质的东西。律师代理案件，在接受了当事人的委托之后，首先当然要弄清楚案件的事实并为在法庭上证明案件事实收集各种证据，然后就要从现行法律、法规中找到案件应当适用的法律规范，建议审理案件的法官采用这一法律规范作为案件的裁判基准。此项法律规范，理论上称为“请求权基础”。

法律人的职业的专门化使得他们虽然都可称为“法律人”，但他们内部的职业专业化也导致他们的思维特征有很大的区别。例如同为法律人的法官和律师，他们二者之间的思维取向相距甚远，当然，这也更体现了法律人思维的专业性。“律师是为当事人服务的，律师要尽自己最大的努力去维护当事人的合法权益。法官是个裁决者，法官需要考虑的问题是怎么保证判决的公正性，也就是说既要考虑原告的合法权益，也要考虑被告的合法权益。因此，法官和律师的出发点是不同的。”[3]

三、实践性思维

法学作为一门实践性非常强的社会科学，它是为解决社会问题和矛盾而产生的。在古罗马时代，法学与法律实践合二为一，“法学研究活动是紧紧围绕法律实践展开的，解答法律问题，解释法律、平民会决议、元老院决议、皇帝谕令或执法官的告示就构成了法学的主体内容”[4]。德国著名法学家拉伦茨认为，法就是以实在法作为“工作前提”，在具体细节上，以逐步进行的工作来实现“更多的正义”的一种学问。法律人从事法律职业，他们坚持实践性思维，就要关注社会实践，深入社会生活中，发现、分析研究、解决一个个社会实践中的法律问题、社会问题。以立法解决一个个社会治理中的难点、痛点问题，以执法维护社会秩序、保证经济社会有序发展，以司法维护社会公平正义、促进社会和谐发展，以各种法律服务为社会提供法律救济，让每个公民都能伸张正义、享受社会发展带来的红利。

高等法学教育培养创新型应用法治人才及后备力量，其思维特征除了具备一般法律人基本的思维特征以外，还应培养他们的问题思维、创新思维、批判性思维、交叉学科思维等。

第二节　创新型应用法治人才的思维准备

高等法学教育培养的创新型应用法治人才及后备力量，是为推进全面依法治国、建设社会主义法治国家准备人才，积蓄力量，他们的知识、能力、素质如何，直接关系到中国特色社会主义法治事业的成败。因此，遵循高等法学教育人才培养规律，适应建设社会主义法治国家对高素质人才的需要，我们在高度重视法科学子法律基本知识学习的同时，还应高度重视他们思维能力的培养。创新型应用法治人才及后备力量应该具有问题思维、批判性思维、创新思维、理性思维、法律思维、法学思维、法治思维、交叉学科思维等多种思维能力。

一、问题思维

问题，也就是“争议”或者“疑问”。问题是研究的起点，也是学习的动力。我们生活的世界充满矛盾，要研究和解决的问题很多。法律人在日常的工作中可能会接触各种事情，解决各种问题。在立法过程中，立法者经常被要求树立问题导向，解决某某相关问题。在司法过程中，法官在庭审中经常要求当事人双方要围绕争议的焦点问题展开辩论，检察官在提起公诉、进行法律监督或提起公益诉讼时都是针对特定问题进行的。律师的工作主要是围绕解决当事人的问题而开展的，“拿起草备忘录举例，一般来说，面对国外客户提出的中国法律问题，律师通常会采用备忘录的形式向客户阐述、分析他们提出的问题。”[5] 法学学者们进行法学研究，他要么是针对法学理论界某个问题进行，要么是针对法律实务界某个问题展开……总之，法律人的活动是与问题分不开的。

实际上，“问题”是每个人都绕不过去的。高校法科学子在学习过程中也会碰到很多的问题，有的是学习问题，有的是生活问题，有的是成长中的问题，有的是发展中的问题，等等。

法律人应该具有问题思维。他们要有在工作中发现问题的敏锐思维，要有正确认识、分析问题的知识积累，也要有提出可行性建议或解决问题方案的能力。因此，提出问题的能力、分析问题的能力和解决问题的能力就构成了法律人问题思维的基本内涵，当然这些问题主要是法律人在自己专业范围内的问题。

第一，要善于发现问题。世界是个矛盾的统一体，有矛盾就会有问题，但问题不会自动跳进我们的脑子，所谓具有问题思维，首先就要有善于发现问题的能力，即在认识事物的过程中要善于发现矛盾，找准矛盾。作为法律人，我们面对这个纷繁复杂的世界，每天都会遇到许多问题，它们都需要我们从法律的视角去观察、去分析、去解决。例如，随着城镇化的不断发展、乡村振兴的不断推进，一些城镇、乡村集中住宅区相继建设起来，那么这些集中住宅区的物业管理应如何规制；又如随着现代科技的不断发展，人类汽车技术不断发展，一些新发明的“汽车”装上了翅膀，它们既可在公路上行驶，也可在空中飞行，那这类“汽车”到底是应定位为陆上交通工具，还是飞行器，抑或别的什么，对这类“交通工具”应如何进行交通规制；还有随着现代科技的发展，我们法律人面对“整合多种新技术而产生的新型虚实相融的互联网应用和社会形态——元宇宙”，在法律上应如何应对和规制，等等。发现问题的能力是法律人问题思维最重要的组成部分之一。

第二，要善于分析问题。能够发现问题固然重要，但发现问题不是目的，目的是要解决问题，解决问题的基础在于科学地分析问题。分析问题首先要明确问题的性质和类型，我们发现一个问题，要静下来分析一下，这个问题是经济问题、政治问题，还是社会问题。善于分析问题还必须掌握与问题相关的资料文献。在分析问题之前，我们需要针对问题选个地方进行社会调研，得到第一手材料。与此同时，我们还需要查找相关的图书资料，清楚别人对与此问题相关问题是如何思考的、提出了什么观点、有哪些富有启发的新想法。然后从多角度对问题进行分析，找到问题产生的原因——历史原因、现实原因、理论认识上的原因、实践操作中的原因、主体原因、客体原因、内部原因、外在原因、思想原因、认识原因……

第三，要善于解决问题。分析问题的目的是为了找到问题产生的根源，从而为解决问题提供决策依据和方向。解决问题也要讲究方法，对于一些目前原因还不是十分明朗的问题，我们一般只能提出一些解决问题的方向性建议。例如检察机关通常会对一些社会治安中出现的新问题提出检察建议。而对于一些已有法律规范能够解决的问题，我们一定要根据事实和法律规范，完全解决问题。如在司法审判中，法官对于每一个具体的诉讼案件，必须件件有落实。立法也一样，立法者也必须针对立法调研中发现的问题，在把握问题产生的根源的基础上，以法律（规）条文的方式对这些问题进行回应。法学学者在做研究的时候，也要针对法律上的某个理论问题或实务上的某个实践问题在分析的基础上给出解决的方案或方法。

总之，提出问题、分析问题、解决问题是问题思维的基本内涵，三者是一个矛盾统一体，法律人具有问题思维，就是能在各自职业中具有提出问题、分析问题、解决问题的能力，这是法律人的重要思维能力之一，也是创新型应用法治人才及后备力量的必备素质之一。

二、批判性思维

批判性思维是指通过对各种问题进行分析、取证、推理，从而作出哪一种说法更为合理的判断的思维过程。

批判性思维是人的思维发展的高级阶段，它有两个特征：第一，批判性思维首先善于对通常被接受的结论提出疑问和挑战，而不是无条件地接受专家和权威的结论；第二，批判性思维又是用分析性和建设性的论理方式对疑问和挑战提出解释并作出判断，而不是同样接受不同解释和判断。批判性思维是建立在问题思维基础上的，因为只有能对所接触的事情提出问题，并在分析、论证后提出新观点、新看法，才算是具有批判性思维。批判性思维是建立在知识基础上的一种能力，法科学生只有在掌握了扎实的法律知识体系，了解广博的社会科学知识和自然科学知识的基础上，才会在新的学习中发现更多的问题，进而通过论证，提出更高质量的问题，也就是形成批判性思维。

批判性思维是创新型应用法治人才及后备力量应具备的一种思维能力，因为法治人才及后备力量从事法律工作，无论是立法、执法、司法，还是其他法律服务工作，他们需要解决的都是复杂的社会问题，这些问题的解决没有现成答案，也没有现成的模式。培养创新型应用法治人才及后备力量的批判性思维，可以帮助他们在将来碰到各种复杂法律问题或法治问题的时候，能从既有问题出发，通过论证、分析，创造性地提出新的解决问题的方法，从而解决工作上的一个个难题。

三、创新思维

英国著名哲学家罗素在《西方的智慧》一书中写道："长盛不衰的好奇心以及热烈而不带偏见的探索，使古希腊人在历史上获得了独一无二的地位。"[6]

创新对于一个国家、一个民族来说，是进步发展的不竭动力；对于个人来说，是个人不断成长的动力，是永葆青春活力的源泉。

所谓创新思维，就是在已经获得的认识基础上，打破旧的认识的羁绊，创造新思想、新思路、新方法。创新思维的内涵主要包括以下几个方面：

第一，创新是在已有认识的基础上的新突破。创新要有自己的基础，这个基础就是通过努力形成的知识积累、认识的积累，没有以旧的认识为基础的创新，只能是无源之水、无本之木，没有根基的创新，只能是不科学的胡思乱想、异想天开。

第二，创新必须打破旧的思想阻碍，要有敢闯敢拼的精神。人们在形成已有思想或思维的情况下，要改变现状，寻求新的突破，如果没有一定的敢为人先的开创精神，是很难创新的。所以，创新是需要勇气、需要付出的。墨守成规不能创新，患得患失也不能创新。

第三，创新必须是在旧的认识基础上的超越。创新的基础是已有认识，只有已有认识越深厚、越广博，创新就越有价值。创新可以是理论上的创新，在理论继承的基础上发展理论；创新也可以是科技上的新发明、新创造；创新也可以是制度上的新变革；创新也可以是工作方式方法上的新点子。创新无处不在，但千创新、万创新，所有的创新都是在已有认识基础上的新突破。

创新思维是创新型应用法治人才及后备力量的基本素质，面对日益复杂的社会矛盾和纠纷，光靠传统的定分止争的法律方法已很难解决，必须以创新的思维来审视错综复杂的社会问题，以创新的方法来化解矛盾、处理纠纷。

四、理性思维

理性是社会生活规律（包括自然规律和社会规律）在人的认识中的体现，是在长期的社会实践活动中所导致的社会生活规律的内化和人性化。法律人的理性思维是法律人意识、观念或态度的自主性，这种理性思维要经过专门训练才能获得，所以很是特别，甚至具有某种天然的神秘感。一般说来，理性思维主要包括以下几个要素：

第一，理性思维要建立在丰富的知识和社会阅历基础上，它超越具象，是一种形而上的思维。理性思维是与感性思维相对的一种思维方式，感性思维建立在人的感性认识基础上，即建立在人们对客观事物表象认识的基础上。而理性思维则建立在人们理性认识基础上，理性思维是以概念、判断、推理为基础的思维方式。因此，理性思维是建立在一定的逻辑推理的基础上的思维，它遵循着事物发展的规律，是科学的思维方式。

第二，理性思维也意味着要控制情绪和情感，在思考问题时要学会摆脱情绪和情感的影响。与感性思维注重人的情感不同，理性思维是一种超越了人的情感的思维方式。人们进行理性思维不会受到情绪的影响，它坚持从客观事实出发，遵循人类思维发展的一般规律，能从已有的认识推断出事物发展的规律和方向，合乎理性地推出法律决定的结论要求。

第三，理性思维也意味着要尊重事实，坚持事实优先，而不得先入为主。理性思维是科学地认识事物的方法，它不会先入为主地进行是好是坏、是良是善等价值判断，它坚持从既有事实出发，再对事物作出判断。

高等法学教育培养创新型应用法治人才及后备力量，是要为建设中国特色社会主义法治国家准备高素质人才，他们的职业关系到国家治理、人民幸福。他们所处理的事情小到公民的人身权利和财产权利，大到公民的生命、健康、安全和自由，甚至国家的前途命运，每一件事都必须慎重对待，不可感情用事，因此，培养法科学生理性思维意义重大。

五、法律思维

法律思维是法律人应该具备的基本能力之一，当然也是创新型应用法治人才及后备力量的基本能力要求。著名民法学家王泽鉴先生认为，法律思维就是“依循法律逻辑，以价值取向的思考、合理的论证，解释适用法律。”胡平仁老师认为，法律思维即“根据法律的思考”，是一种以“法律”为坐标和工具，按照法律观念和逻辑来理性地观察问题、分析问题和解决问题的思维习惯和思维能力。[7] 焦宝乾博士认为，一般而言，法律思维或者法学思维是法学学者在研究法律现象时所持的思考立场、态度、观点、价值和方法。[8] 他没有去仔细区分法律思维与法学思维的差别，只从二者的共同点上给它们作了一个概括。梁慧星教授认为法律思维是诸如法官、检察官、律师、法学教授、仲裁员等法律人的特殊思维方式，其基本要求是严格按法律条文进行判断。一般来说，由于法律人本身职业的差异性，其法律思维也各有其特殊性。

综合学者们的观点，一般认为，法律思维是指利用法律基本概念、法律方法来对社会问题进行逻辑的、理性的分析的思维方式。[9] 因此，法律思维本质上要求法律人要根据法律来进行思考，也就是规范性思维，是区别于人们日常思维的理性思维；在价值取向上要求以法律的内在价值（主要是正义和秩序）作为价值判断依据；在外部表现形式上，它要求法律人以专业的法律语言（即法言法语）对法律事件进行描述；在具体的适用上，法律思维又体现为法律适用中法律方法的有效运用。“法律方法是法律职业者在特定的法律制度内适用及发现有关法律规则和原则并据此解决具体法律纠纷或争议问题的方法。”[10] 法律解释、法律推理、法律论证、法律续造等都属于法律方法的范畴。

六、法学思维

法学是关于法律及其运用的学问。法学被认为是研究法律如何被创制、如何被应用的解纷之学。

从认识论的角度来看，“法学思维方式作为人们把握和认识客观世界一种特有的模式，指运用法的精神要义和思维逻辑观察、评判社会现象和自然现象，是人类社会丰富的主观世界联结客观世界时必不可少的途径之一。”[11] 法学思维即“关于法律的思考”，是一种以权利、权力、义务和责任的分析与探索为核心，以批判性思维为主导，以实证研究为根底的思维方式。

郑永流教授从10个方面概括了法学思维的基本要义：一为合法律性优于合道德性；二为普遍性优于特殊性；三为复杂优于简约；四为形式优于实质；五为程序优于实体；六为严谨胜于标新；七为谨慎超于自信；八为论证优于结论；九为逻辑优于修辞；十为推理优于描述。[12]

七、法治思维

法治思维是基于法治的固有特性和对法治的信念来认识事物、判断是非、解决问题的思维方式。它以严守规则为基本要求，强调法律的底线不能逾越、法律的红线不能触碰，凡事必须在既定的程序及法定权限内行动。法治思维的核心是权利义务观念，对于党员干部而言，除了具有公民既有的权利义务观念之外，还要有法治的权力观，即权力的有限性与程序性，以及守护法律、维护宪法与法律权威的职责意识。[13]

法治是相对于人治而论的。中国古代有几千年的人治历史，在那些时代，治理国家以人的意志，特别是以统治者的意志为准，作为最高统治者的皇帝，他的言论被称为圣旨，是不能违背的。法治则不同，法治即依法而治，依规则而治。所以，法治思维与法律思维一样，首先是规则思维。在一个法治国家中，重要的规则是宪法法律，所以坚持法治思维，最重要的是要坚持宪法法律至上的思维。一切要按照宪法法律的规定处理问题，对于普通公民而言，法无禁止皆可为，对于公权力的行使者而言，则应奉行“法无授权不可为”的原则。对于法科学子而言，必须牢固树立法治思维，要为将来走上社会，在建设社会主义法治国家中为全社会树立法治理念打下坚实的理论根基。

法治思维也是程序性思维，它要求我们在做决策、立法、执法、司法的过程中都要守规矩、讲程序，绝不能恣意妄为。在决策过程中，“要严格落实重大行政决策程序制度，把公众参与、专家论证、风险评估、合法性审查、集体讨论决定作为重大行政决策法定程序，把法律顾问和公职律师参与决策过程、提出法律意见作为依法决策的重要程序。”[14] 立法必须经过法定的立法程序，不能跨越过程；执法也必须依法依程序进行，不能越级行使职权；司法过程严格依程序进行，不能不经审判就随意定罪量刑。

法治思维也是公平思维。在法治思维下，坚持法律面前人人平等，任何个人、组织都不能在法律面前享有特权。在法治思维下，每个公民的生命、人身、财产等权益都平等受到保护，人民依法享有广泛的民主权利和自由。

因此，法治思维是基于对法律的尊崇和对法治的信念判断是非、权衡利弊、解决问题的思维方式，其关键是守规则、重程序、谋平等、护人权、讲监督。高等法学教育培养创新型应用法治人才及后备力量必须培养其法治思维，因为他们将是我们法治中国建设的主力军。

八、交叉学科思维

现代社会是一个信息爆炸、知识剧增的社会，也是一个知识融合的社会。在这一背景下，各种交叉学科应运而生。交叉学科的发展，为我们处理日益复杂的法律问题提供了知识支持。

王利明教授曾用他在美国做访问学者时的一个故事讲述了国外学者在树立交叉学科思维上的例子。他介绍说，他在美国做访问学者时有个叫雷可夫的教授，既讲授合同法，又讲授行政法。他感到不可思议，因为在中国我们的大学教授讲授法学课时是有严格的学科界限的，但雷可夫教授的解释的确令人叹服。雷可夫教授说："虽然美国是市场经济社会，但政府对经济的干预依然大量存在。所以，不懂合同法就不懂市场是如何运行的，而不懂行政法就难以理解政府对市场的管制道理在什么地方。因此，不懂行政法就难以真正了解合同法，反之亦然。"[15]

诚然，随着现代科技的发展，人们的生活空间、交流空间、生活方式等都发生了巨大变化。互联网世界的规制，只靠法律是难以解决的，必须以"法律+网络技术"才有可能解决；现代 AI 技术的发展，极大提高了人类生活的智能水平，AI 技术的广泛应用，在给人类生活带来方便的同时，也带来了风险，规范 AI 技术的运用，也必须综合运用多学科知识才能解决，等等。由于现代法治的不断发展，法学渗透到其他学科的趋势越来越明显，法医学、卫生法学、法经济学、法政治学、法社会学、犯罪心理学等各种交叉学科不断涌现，在此情势下，培养创新型应用法治人才及后备力量，如不培养其一定的交叉学科思维，则已不符合法学学科发展的潮流了。

第三节　创新型应用法治人才的思维训练

法律人的思维方式的养成是非常困难的，因为一个法律人的思维方式的养成需要比较长时间的法律培训和教育。大学法学院的学习为法科学子的思维养成提供了条件。经过大学法学院老师们的教育、督促，法科学子们从对法律的朦胧认知，到法律知识体系的逐步形成，再逐渐把法律人的思维当成了一种思维习惯，最后当法科学子们把法律人的思维当成其日常生活的一部分的时候，我们就可以说他们逐渐具备了良好的法律人的思维，它将伴随法科学子们一生。

高等法学教育培养创新型应用法治人才及后备力量的法律人的思维遵循了法律人思维训练的一般规律。首先，法科学子们通过课堂、课外学习，掌握了扎实的法律专业知识、广博的人文社会科学知识和自然科学知识，为培养法学专业思维创造了条件。其次，高等法学教育对创新型应用法治人才及后备力量的思维训练走出了一条坚持大学教育四年不断线、课堂课外相结合的较好培育道路。

一、改变课堂教学方式，培养问题思维

正如前文所言，问题思维是创新型学习的起点，也是培养创新型应用法治人才及后备力量的根本，但传统的法学教学模式下是很难培养出法科学子们的问题意识的。法学院的传统课堂教学，一般是教师讲、学生听。教师按照书本框架、内容讲，学生认真跟着教师学，并被要求上课要用心、不讲小话、不得交头接耳。这种循规蹈矩式的上课方式，学生们或许可以记住一些法律的基本知识、基本理论、基本的法条，考试也许能够拿到高分，他们追求答案的标准化，但他们只是被动地接受知识，缺乏批判精神、问题意识，与创新型应用法治人才及后备力量培养目标相距甚远。

要培养学生的问题思维，必须改革传统教学方式，变考试型课堂教学为问题探究式课堂教学（也称研讨式教学方法）。问题探究式课堂教学坚持以学生为中心的教学理念，充分发挥学生在课堂中的主体作用，学生们在老师的引导下，可以就教学内容甚至超出教学内容范围的知识向老师提问，教师既可以直接解答学生的问题，也可以将这些问题交给学生在课堂上一起讨论，由学生们在讨论中形成对问题的看法。问题探究式课堂教学不仅要求学生善于提出问题，而且要求学生在课堂上充分参与讨论，还将教学任务延伸到了课外。问题探究式课堂教学要求学生在课外既可以就课堂上讨论的问题通过查找文献资料进行进一步的思考，也可以就下一堂课即将探讨的问题进行准备。当然，一门课程的探究式教学完成后，学生自

己还需要针对课程教学内容找一个比较值得研究的问题进行探究，并撰写研究报告或研究论文。

二、利用课程学习载体，培养法律思维

在现有的法学学科中，最能体现法学意识、代表法学思维的，非法理学莫属。这是由法理学是从总体上研究法和法律现象的一般原理和一般规律的理论学科这一性质决定的。而我们所说“学会思维”，就是要通过法理学和其他法学学科方面的系统学习和训练，逐步学会用逻辑方法、辩证方法、系统方法和观察体验的方法等等，对各种法律现象和法律问题进行科学的、合理的分析、归纳和综合。[16]

法理学是法的基础理论和一般理论，其研究的内容是法律的一般性、普遍性问题，提供的是法律的基本概念、基本知识和基本原理。法律思维方式的养成离不开法理学的学习。首先，法律思维所运用的基本概念由法理学加以清晰的界定和解释。概念是思维的基本要素。只有学好法理学，掌握法的基本概念，才有可能形成法律思维方式。其次，法律思维规律的领悟和把握离不开法理学的学习。法理学不仅揭示法律实践活动的规律，也揭示法律思维、认知活动的规律。[17]

学习民法可以形成民法思维，学习刑法则可以形成刑法思维等，而民刑两法则奠定了基本思维方法的基础，因此，大学法学教育在培养法治人才及后备力量时，一定要注重学生民法思维和刑法思维的培养。

民法思维是法律人在处理民事法律关系时所秉持的法律思维方式，其核心要义就是要求我们在处理平等主体之间的人身关系和财产关系时要像法律工作者一样去思考、解决这些问题。民法思维一般具有四个属性，即说理、逻辑、规范和体系。一是说理思维，指在处理民事法律案件过程中，说理比结论更重要，因为只有通过充分的法律说理，推导出正确的法律结论，才能充分体现出我们法律人的职业尊严、专业精神。二是逻辑思维，坚持逻辑先于价值。处理民事法律案件，必须尊重事实与规则，不能先入为主，要处理好逻辑与价值的关系。三是规范思维，即以法条为中心。处理民事法律案

件，要尊重既有的现行法的正当性。四是体系思维，即在处理民事法律案件时，要从民事法律体系的角度全面思考问题，而不能顾此失彼，挂一漏万。在民法学习中形成民法思维，台湾著名民法学家王泽鉴先生提出了很好的建议，他在《民法思维：请求权基础理论体系》一书中指出，一个经由法律学习的人通常可以习得法律知识、法律思维、解决争议三方面的能力。[18] 确实，法科学子经由法学院的学习，可能会掌握法律专业知识体系，然后在此基础上会逐步形成“根据法律思考”的思维习惯，再在解决法律争议的过程中会不自觉地运用法律思维思考问题，运用法律知识解决问题。在民法学习中，锻炼法律思维是最关键的，因为法律思维能力是法科学子们最重要的能力，一个人法律知识极其丰富，靠死记硬背背了很多法律条文，具备了很多的法律知识，但这并不是说就具备了一个真正法律人的素质和能力，况且解决法律争议也不只靠背诵条文就能实现，而是需要运用法律思维去分析问题，最后提出解决问题的方案。因此，有没有形成法律思维才是判断一个人是否是一个真正法律人的标准。

学习刑法是养成刑法思维的主要途径。在刑法学习中，法科学子首先必须要掌握刑法的概念体系，掌握扎实的刑法专业知识，然后经过一定的刑法思维方法的训练，逐步形成刑法思维方法。法律思维的核心要义是根据法律规范来思考法律问题，刑法思维当然是指在处理刑事法律案件时，必须严格遵守相应刑事法律规范，所谓“罪刑法定”，其基本含义就是指法律没有明文规定为犯罪的行为，都不能确定为犯罪。这一原则是刑法思维方法论的制约因素，它在某种程度上塑造了刑法思维方法的价值取向，是我们在处理刑法问题时必须遵循的。

三、开展第二课堂，在实践中训练法律人思维

（一）开展学术训练培养法律人思维

开展学术训练是培养法科学子法律人思维的最佳途径之一。很多著名法学学者都向法学院的法科学子们推荐以写作的方式来训练法律人思维，王泽鉴先生认为“法律是通过一些重要问题的训练，让你养成一种思考的

方法跟思考的模式。”通常我们在阅读的过程中或在与同学交流的过程中会发现一些问题，我们就可以以解决这个问题为目的进行写作。在写作的过程中，我们首先要查阅文献，要对文献进行阅读，这个阅读不是一般的欣赏式的阅读，而是带着解决问题的任务在阅读，因此，我们对阅读材料一定是很认真对待的，我们要对不同材料进行归纳，边阅读边对已阅读的材料进行总结归纳，看作者对这个问题或相关问题提出了什么观点。经过一段时间的阅读后，我们就基本了解了关于这一问题的基本情况，对这一问题我们由不懂变得懂起来、熟悉起来，就会形成自己的一些想法。然后，我们就依循法律逻辑，对这一问题进行具体分析、合理论证，找到解决这一问题的好的方案。这一过程，就是一个法律学习过程，是一个良好法律人思维形成的过程。

鼓励学生积极参加“挑战杯”等学术论文竞赛活动，在比赛活动中训练法科学子的问题意识、法学思维、法律思维、逻辑思维等素质。

在各种学术论文竞赛活动中，一般要经历选题、调研、论文撰写、论文修改、定稿参赛等几个阶段，学术论文竞赛指导老师要有意识在此过程中训练创新型应用法治人才及后备力量的思维素质，做到全过程训练学生思维能力。

首先，成立课题组，调研选题。法科学生在老师指导下要组成课题小组，通过社会调研发现问题（有时发现的问题会很多），然后在对这些问题进行充分思考的基础上，在众多问题中选一个主题进行研究，完成论文选题。再针对这个主题进行重点调研，掌握第一手调查研究的资料，这是参赛论文写作的重要基础，因为这个调查能帮助我们了解问题的症结所在，了解到问题产生的主要原因。在此基础上，课题小组还要利用学校图书馆，查找与所研究问题相关的文献资料，了解研究动态和研究趋势，把握好课题研究的重点和要求深入探究的内容，形成论文提纲。这一过程要求我们广泛涉猎各种文献资料，运用多学科知识从多角度拓展研究思路。

其次，进行论文初稿撰写。论文撰写过程中要全身心投入其中，心无旁骛，按照提出问题—分析问题—解决问题的逻辑思路认真提炼观点，组织材料，进行论证，一气呵成完成初稿。在写作过程中要有意识训练学生的逻辑思维能力，指导学生围绕研究主题条理清楚地进行材料组织、观点论证；运用多种学科知识多维度分析问题，训练学生的法学思维能力；对具体的法律问题，指导学生运用法律专业知识，根据具体的法律规范进行分析，训练学生的法律思维。

再次，进行论文修改。文章不厌百回改，好文章都是改出来的。论文修改过程是巩固深化学生前期思维训练成果的重要过程。在论文修改过程中，一方面要加强学生语言表达能力的考查，这里有两个层面的考查。一是对语言通顺基本要求的考查；二是对表达准确，即对法言法语运用专业能力考查。法律是一种专门的技术知识，它应有自己专门的语言表达形式，这种形式就是法言法语。法律专业学生写作学术论文，如不能正确使用法言法语，那只能说他的专业基本功还不扎实，还没有形成较好的法律思维，当然也算不上是完全意义上的“法律人”。另一方面，论文修改还要对观点的鲜明性、准确性进行考查，对论文结构的完整性、合理性，对论文要研究的主要问题论证的充分性，解决问题方案（或建议）的可行性、科学性等都要进行考查。此外，格式的规范性、正确性也是论文修改的重要内容。

法科学生在毕业论文写作过程中训练思维的活动大抵与各类学术竞赛活动一致，所不同的是，毕业论文写作要求要更高一些，因为它是对学生大学四年学习成果的总考查。法学毕业论文是法学专业本科生在老师指导下，运用所学法学专业理论知识和法律业务技能，针对某一法律现象或某一法律问题独立思考、分析、综合研究后所形成的具有一定学术价值的文章。[19] 法学专业本科生写作毕业论文一是为全面、综合地考查学生法学专业知识掌握程度和运用能力；二是为培养法学生运用所学法学研究方法和法律思维独立分析法律问题和解决法律问题的能力；三是通过毕业论文写作教学活动，全面了解和考查法学教育的水平和质量。但重点还是在毕业论文写作过程中对学生的法律思维能力进行一次全面、综合的训练。

（二）开展创新创业教育训练创新思维

创新创业教育是二十一世纪的新教育理念和教育模式，也是提升大学生创新创业就业能力、驱动经济发展的重要战略。对大学生开展创新创业教育，既可以培养大学生认识社会、了解社会、服务社会的能力，同时也可培养大学生创新能力、职业能力。更重要的是，通过创新创业教育，还可培养大学生的创新思维素质。

地方本科院校有较好的法学实践教学资源，这为法学专业学生创新创业教育提供了良好的教育平台。高等法学教育充分利用法学实践教学平台，将创新创业教育与法学实践教学相结合，在训练学生法学实务技能的同时，也全面训练学生的创新创业思维、创新创业能力。同时，现代信息科技的不断发展，也为法学教育与信息技术融合提供了契机。法科学生以“互联网+法律”等为创新创业主题，开展了一系列创新创业活动，提升了职业认知，锻炼了创新思维，为法科学生成长成才打下了坚实基础。

在创新创业教育活动中，法科学生们经过训练形成的创新思维特质主要包括敢为人先的开创精神、严谨求实的务实精神、持之以恒的坚持精神、百折不挠的奋斗精神、开放合作的开拓精神等。这些创新思维特质是法学生们今后事业成功、职业成就的重要条件之一。

（三）开展专业实习教育训练法治思维

专业实习是法学专业最重要的实践活动之一，主要包括在法院、检察院的司法实务实习，在律师事务所的律师实务实习等。法学专业实习的前提是学生通过大学三年左右的法律学习，掌握了一定的法律知识体系，这是他们形成法治思维的内在基础。专业实习的目的主要在于认识法律职业、了解法律职业，通过参与法律实务部门的一些实践活动，锻炼法律职业技能和法律思维。

法科学生在法院、检察院、政府部门或人大实习，他们在指导法官（检察官等）的指导下，或整理案卷，或进行庭审观摩，或参与庭审笔录，或参与文件送达，或尝试撰写一些具体的法律文书，或参与一些力所能及的事务处理，在实践中他们逐步了解了职业运作的规程，了解了法治实践的开展过程和状况，并形成了初步的法治思维。

（四）在学校辩论赛等各种课外活动中锻炼学生的法学思维

辩论就是与对手争辩的过程。辩论的过程往往伴随着争辩双方你来我往的提问和回答、陈述与辩驳，在这一过程中，辩论双方都提高了思辨能力，并获得了探求世界真谛的能力。法科学生在参加大学的辩论赛时，一方面，可以进行广泛学习，丰富人文社会科学知识。因为辩论赛作为知识密集型的智慧较量，其在准备中一般都要求参赛队伍必须针对辩题进行尽可能广泛的文献资料搜集、各种社会信息的收集，而在这种高强度的备赛过程中，学生不断搜集资料，消化资料，不断丰富着自己的知识和阅历。另一方面，大学辩论赛也是超强思维的较量。辩论赛中，辩论双方不断地针对对方观点采用逆向思维、发散思维、联想思维等思维方式，快速把握对方观点，抓住对方观点的要害，进行快速反击。这种高强度的思维的训练和养成，对于创新型应用法治人才及后备力量的素质能力提高发挥了重要的促进作用。正是由于大学辩论赛有利于法科学生表达能力、专业能力、应变能力、逻辑思维能力等的培养，而这些能力恰是法治人才及法律服务人才在法律实务工作中应当具备的基本法律素养，所以很多学者都建议在大学法学课堂中也引入辩论，以培养学生的辩论能力，进而提高学生的法学思维能力。

参考文献

［1］［7］［16］胡平仁．法律人的思维方式［J］．怀化学院学报，2007年第3期.

［2］陈柏峰，尤陈俊，侯猛．法学的11种可能［M］．北京：中国民主法制出版社，2020年版，第249页.

［3］蔡小雪．法官眼中的法学教育［EB/OL］．STL中国法，2021-06-27.

［4］雷磊．实践法学思维的三个层面［J］．浙江社会科学，2011年第7期.

［5］君合律师事务所．律师之道［M］．北京：北京大学出版社，2016 年版，第 23 页．

［6］［英］伯特兰·罗素．西方的智慧［M］．北京：中央编译出版社，2010 年版，第 8 页．

［8］焦宝乾．法律论证的思维特征［J］．法律方法，2009 年第 8 卷．

［9］［10］董敏．法律思维与法治思维之比较［J］．法制与社会，2014 年第 25 期．

［11］董开军．法学思维方式论［J］．学习与探索，1988 年第 4 期．

［12］郑永流．法学野渡：写给法学院新生［M］．北京：中国人民大学出版社，2017 年版，第 78 页．

［13］中共中央宣传部理论局．法治热点面对面［M］．北京：学习出版社、人民出版社，2015 年版，第 114 页．

［14］《习近平法治思想概论》编写组．习近平法治思想概论［M］．北京：高等教育出版社，2021 年版，第 244 页．

［15］王利明．法学应当步入知识融合时代［N］．北京日报，2019-09-02．

［17］张文显．法理学（第三版）［M］．北京：高等教育出版社、北京大学出版社，2007 年版，第 70 页．

［18］王泽鉴．民法思维：请求权基础理论体系［M］．北京：北京大学出版社，2009 年版．

［19］孙艳红，郑春凤．对高校本科毕业论文写作问题的思考［J］．吉林师范大学学报（人文社会科学版），2012 年第 3 期．

第六章

创新型应用法治人才的知识储备

高等法学教育培养高素质的创新型应用法治人才，要着力在教学中努力提高学生的知识素养，打下其成长成才的坚实基础。创新型应用法治人才除必须具有创新精神、创新思维、创新能力等创新素质外，还必须拥有广博的人文社会科学知识、扎实的法学专业基本知识和基本理论、熟练的法律职业技能，只有这样，他们才有能力真正服务于法治国家建设，为全面建成中国特色社会主义法治国家贡献力量。

第一节　创新型应用法治人才知识储备的重要性

毫无疑问，作为在校大学生，其第一要务就是学习知识，即通过课堂教学、第二课堂学习等多种途径，学专业知识、人文社会科学知识以及自然科学知识。在学生掌握了一定专业知识的基础上，再安排学生在企业等部门进行一段时间的专业实践，熟悉专业技能。简言之，大学应用型人才培养的过程大抵如此。就法治人才及后备力量的知识学习而言，作为高素质的法治人才及后备力量，他们以服务国家立法、执法、司法和社会为主业，这种人才一定要有法治学问，要有社会常识，要有法治伦理。深厚的法治学问是认识法治、研究法治、探寻法治运行与法治工作规律进而改善法治的基础；广博的社会常识体现了他们对于社会、对于人情常理的认知，这是他们能接地气、能创造性实施法治的基础；法治伦理是法治人才及后备力量实施法治所应遵循的职业道德、职业准则，是他们实施法治、服务社会的伦理资格条件。因此，法治学问、社会常识、法治伦理是创新型应用法治人才及后备力量必备的知识。

一、扎实的法学知识是创新型应用法治人才及后备力量专业成长的基础

作为法治人才及后备力量，他们首先应该是“法律人才”，应该懂得法学的基本知识、基本理论、基本技能。

高等学校法学教育培养的现代法治人才及其后备力量具有较强的专业性，它要求所培养的学生能掌握扎实、系统的法律专业知识体系和法律实务技能，法学基本知识、基本理论、基本技能是我们通常说的要求法科学生掌握的法学基本功。

法学是以法、法律现象和与法相关的问题作为研究对象的。法是体现统治阶级意志，并由国家制定和实施的、社会成员都必须遵守的行为规范。作为行为规范，法是由一部部代表人民意志的法律组成的，如宪法、民法、刑法、行政法等，每一部法律都有它特定的调整对象，有它特定的规范内容，它们共同构成了法学的知识体系。法律现象是基于法律所产生的各种社会现象，如以法律意识、法律制度、法律思想、法律文化等形式表现出来的法律观念现象；以法律规范、法律部门、法律体系等表现出来的法律规范现象；以习惯法、判例法、制定法为类别的法律渊源现象；有以立法、执法、司法、法律监督为内容的法律运行现象；也有以法律由古代到近代到现代的发展为对象的有关法的起源现象。至于与法相关的问题就特别多，因为法和法律现象与我们社会的经济、政治、文化、生态等密切相关，我们的法学就会去探索法与各种社会问题之间的关系，进而探索

法律在规范各种社会问题中发生作用的特有规律。

高等法学教育培养法治人才及后备力量，首先就要培养他们掌握法以及有关法的基本知识，具有专业知识和专业技能。只有掌握了法学基本知识、基本理论、基本技能，才能真正成为合格的法治人才，为法治国家、法治政府、法治社会建设服务。

二、广博的人文社会科学知识是创新型应用法治人才事业发展的前提

法学是一门社会科学，从它的起源来看，它是人类最早设立的学科之一，它的设立最初是为医治人类社会“疾病”而发展起来的。关于法学的社会科学性质，美国著名大法官霍姆斯曾有一句名言通俗地说明了这个道理，他说：“法律的生命不在于逻辑，而在于经验。”这是霍姆斯大法官的经典之言。霍姆斯大法官是美国现代实用主义法学的创始人，年轻时毕业于美国哈佛大学法学院，在美国联邦最高法院从事大法官工作近 30 年，他深谙法律经验对于法学发展的重要性。法律经验来自社会实践，只有在有关法律的社会实践中才能积累法律经验。

事实上，法学作为社会科学，它同其他相关学科的关系是非常紧密的，在法学实践中，法学与经济学、政治学、哲学、社会学、伦理学、心理学、历史学甚至会计学等都密切相关。法律人要将自己所学的法学知识、法学理论、法学技能运用于解决社会法律问题时，如果没有其他相关社会科学作支撑，很多问题也无法解决。即使是我们最常见的离婚案件，也会运用到各种社会科学知识，如对婚姻双方感情是否确已破裂的判断有时就会运用社会学、心理学、民俗学等各种社会科学知识，至于双方财产的分割，会计学的知识是必用的。所以，一般的法学院校在法学人才培养中都特别强调学生在学好本专业知识外，还要特别重视与法学相关学科的学习。因为只有法律人具有了广博的人文社会科学知识，懂得“人情世故”，才能在社会生活日益复杂、矛盾日益多样的情况下更好地接地气，发挥好法律在解决各类法律问题中的作用。

三、丰富的专业工作知识是创新型应用法治人才职业发展的保障

法律人的工作是专业性非常强的工作，如前所述，其专业性是不可替代的，同时运用专业知识，解决专业问题还需要有专业的工作知识，这些专业的工作知识，我们一般称之为“法律职业技能”。作为法治人才的法官、检察官或者立法者、行政执法人员，他们都有其特定的职业要求。如我国《法官法》规定了法官的任职资格为：“具有中华人民共和国国籍；拥护中华人民共和国宪法，拥护中国共产党领导和社会主义制度；具有良好的政治、业务素质和道德品行；具有正常履行职责的身体条件；具备普通高等学校法学类本科学历并获得学士及以上学位；或者普通高等学校非法学类本科及以上学历并获得法律硕士、法学硕士及以上学位；或者普通高等学校非法学类本科及以上学历，获得其他相应学位，并具有法律专业知识；从事法律工作满五年。其中获得法律硕士、法学硕士学位，或者获得法学博士学位的，从事法律工作的年限可以分别放宽至四年、三年；初任法官应当通过国家统一法律职业资格考试取得法律职业资格。”并规定了不得担任法官的四种情况：“因犯罪受过刑事处罚的；被开除公职的；被吊销律师、公证员执业证书或者被仲裁委员会除名的；有法律规定的其他情形的。”从以上的规定可以看出，担任法官，除了学历、学位要求外，还有从事法律工作年限的规定，一般学士学位要求 5 年，硕士要求 4 年，博士要求 3 年，年限的规定说明从事法官工作除需要有一定的生活阅历外，同时还需要有一定专业技能的锻炼。法官、检察官、立法者等法律人要解决的司法问题、立法问题等都是社会中存在的比较突出的有争议的问题，如果没有一定的判断法律事实、运用法律规范的法律运用技能，是不能很好解决这些争议和问题的。作为法律服务队伍的律师、公证员、司法鉴定人、仲裁员、调解员等人员，也都有其职业从业规范，并且都对他们从事相关职业的职业知识有明确的要求。

因此，创新型应用法治人才的培养也必须注重法律人职业技能的培养和锻炼，因为只有具有娴熟的法律职业技能，才能熟练处理各类法律纠纷，定分止争，维护好社会秩序，建设好法治国家。

第二节 创新型应用法治人才的知识构成

《法学类专业教学质量国家标准（2021 年版）》（以下简称《标准》）明确法学类专业人才应“具有扎实的专业理论基础和熟练的职业技能、合理的知识结构”，在“培养规格”里，又明确了法学类专业人才的知识要求，“了解人文社会科学和自然科学的基础知识，牢固掌握本专业的基本知识和基本理论，并形成合理的整体性知识结构”。在这一知识要求中，《标准》将法学类专业人才的知识内容规定为“人文社会科学知识+自然科学知识”“专业基本知识+专业基本理论”和“合理的整体性知识结构”三类，并对三类知识的学习要求分别作了“了解”“掌握”“形成”三个层次的规定。

一、了解人文社会科学知识和自然科学知识

（一）何谓了解？

所谓了解，意即比较清楚地知道。在学习中，我们通常讲的了解，是指对学习的材料有一定的认识和记忆，包括对事物的概念、作用、意义等方面的一定程度上的认知和学习。从心理学的角度来看，了解是对认知对象的记忆过程，是一种较低水平的认知结果。

（二）人文社会科学知识

人文社会科学是人文科学与社会科学的统称，有时也被称为哲学社会科学、社会科学、文科等。作为相对独立的知识体系，人文社会科学是一个界定模糊、争议颇多的基本概念，其中涉及对认识活动、科学划界标准与知识分类等基本理论问题的理解。

人文科学是以人类的精神世界及其沉淀的精神文化为对象的科学。人

文科学主要研究人的观念、精神、情感和价值，即人的主观精神世界及其所积淀下来的精神文化。人文科学常用意义分析和解释学的方法研究微观领域的精神文化现象，其涵盖的学科包括文、史、哲及其衍生出来的美学、宗教学、伦理学、文化学、艺术学等。

社会科学则是一种以人类社会为研究对象的科学，它研究客观的人类社会而外在于具体的个人及其主观世界。社会科学侧重于运用实证的方法来研究宏观的社会现象，其涵属的学科主要有经济学、社会学、政治学、法学等。

（三）自然科学知识

自然科学是研究自然界的物质形态、结构、性质和运动规律的科学。它包括物理学、化学、生物学、天文学、地球科学等基础科学和医学、农学、气象学、材料学等应用科学，它是人类改造自然的实践经验即生产斗争经验的总结。它的发展取决于生产的发展。

随着现代科学技术的不断发展，法学与现代自然科学发展不断融合，特别是知识产权法学、环境资源法学、证据法学的发展都紧紧结合着自然科学的发展成果而不断得到新的发展，一批新的交叉学科，如法医学、工程法学、人工智能法学等都与自然科学的发展紧密结合。当然，在一些刑事案件、知识产权案件的处理中，运用现代自然科学技术的情况已经非常普遍，如刑事案件中的基因检测技术、贩毒类案件中的毒品成分化验等。

所以，高等法学教育培养法治人才及后备力量，要结合人才知识、素质、能力的要求有针对性地加强学生人文社会科学和自然科学的相关知识的教育，因为在现代科学的发展进程中，新科技革命为社会科学的研究提供了新的方法手段，社会科学与自然科学相互渗透、相互联系的趋势日益加强。

在法学教育中，为达到学生了解人文社会科学和自然科学知识的要求，一般来说，学校会在全校本科专业（含法学类专业）课程设置时安排一批全校公共课作为学生必修课，这些课程除了思想政治理论课外，还有公共艺术类课程、传统文化传承与发展、自然科学与工程技术、社会科学与当代中国、生态环境与生命关怀、文明对话与世界视野等课程，它的目的在于使学生在专业学习之余，接受广泛的人文社会科学、自然科学教育，帮助学生进一步开拓视野、提升思维、锻炼能力。

二、掌握专业基本知识和基本理论

（一）何谓掌握？

掌握，指在对认知对象充分了解的基础上，能充分加以运用。在学习中，掌握指对学习对象在充分理解其内涵和意义的基础上，形成比较稳定的情感和认知状态，并在此基础上能对所学内容加以运用的认识过程。具体来说，掌握的含义可以从以下几个层面来进行理解：一是能够用自己的语言将学习内容所蕴含的思想较准确地表达出来；二是能对学习内容加以概括，用更通俗的语言进行解释；三是通过学习，可以把握事物发展的规律，预测事物发展趋势。掌握是学习中较高水平的要求。

（二）专业基本知识和基本理论

专业基本知识是指本专业知识体系中最基础的知识，包括基本概念、基本常识、基本判断等知识，是专业学习中必须扎实掌握的基础知识。

专业基本理论是指构成本专业知识体系的基础理论、基本原则，是本专业基本知识的有系统、有逻辑的表达。专业基本理论是支撑专业发展的基础理论，是学科发展的根基。

法学专业基本理论和基本知识构成了法学学科的知识体系。在大学法学教育中，法学专业的知识体系由一系列的课程组合而成。《标准》规定，法学类专业课程体系总体上包括理论教学课程和实践教学课程。理论教学课程由思想政治理论课、通识课、专业课构成。其中专业课是整个法学本科教育的核心课程，在《标准》颁布之前，按教育部的要求开设了16门法学专业核心课程，它们分别是法理学、宪法、中国法制史、民法、商法、知识产权法、经济法、刑法、民事诉讼法、刑事诉讼法、行政法与行政诉讼法、国际法、国际私法、国际经济法、环境资源法、劳动与社会保障法。到了2021年新版《标准》规定，法学专业核心课程采取“1+10+X”的分类设置模式。其中“1”是指“习近平法治思想概论”课程，“10”是指法学专业学生必须完成的10门专业必修课，包括：法理学、宪法学、中国法律史、刑法、民法、刑事诉讼法、民事诉讼法、行政法与行政诉讼法、国际法和法律职业伦理。“X”是指各法学院校法学专业可以根据自身办学特色开设的其他专业必修课，包括：经济法、知识产权法、商法、国际私法、国际经济法、环境资源法、劳动与社会保障法、证据法和财税法，《标准》要求，各法学院校法学类专业对“X”的选择原则上不得少于5门。这样，专业必修课总体上仍不少于16门。

“习近平法治思想概论”课是以习近平法治思想为研究对象的重要课程。2020年11月，在中央全面依法治国工作会议上，习近平总书记正式提出“习近平法治思想”，明确了习近平法治思想在全面依法治国、建设法治中国中的指导地位。习近平法治思想是在波澜壮阔的时代背景下创立的，是对中国共产党领导法治建设丰富实践和宝贵经验的科学总结，是一个内涵丰富、论述深刻、逻辑严密、系统完备的科学理论体系，具有鲜明的理论风格、思维特征和实践特色。[1] 该课程对习近平法治思想的基本内容、核心要义和科学方法进行了概要式的阐述，为法学专业学生今后结合其他课程深入学习习近平法治思想打下良好基础。

“法理学”，是以作为整体的法律的共同性问题和一般性问题为研究对象的理论法学，它的任务在于揭示法学的基本原理。法理学的研究对象是法和全部法律现象及其规律性，特别是我国社会主义法的基本理论问题。法理学的具体内容包括：（1）法哲学的基本问题，如法的产生及其发展规律；（2）法理学的基本内容，如法与政治、经济、国家、道德、科学文化等其他社会现象的关系，法对社会生活的反作用等；（3）法发挥作用的机制的基本理论问题，如法律的调整的过程和机制，法的创制、实施和实现，法律规范和法律关系，违法与法律责任等。法理学是我国法学体系中处于基础理论地位的重要的理论学科。[2]

“宪法学”，是以宪法和宪法现象为主要研究对象的一门学科，它在法学学科体系中具有基础性地位。宪法学除了阐明宪法本身的一般原理即宪法的概念、产生发展及基本原则之外，还着重研究和论述宪法的具体规范及宪法规范所规定的国家基本制度、国家机构以及公民的基本权利和义务。宪法文本、宪法理论、宪法规范、宪法现象及宪法的运行过程是宪法学课程研究的具体对象。[3]

“中国法律史”，是研究中国历史上法律制度、法律文化及其变化发展过程的法学学科。其具体的研究对象包括：(1) 中国各个历史时期的立法活动及立法成果，包括立法体制、立法活动、立法根据、立法技术以及由此而产生的各种形式的法律规范。(2) 中国各个历史时期的司法状况，包括各种类型的司法机关、司法体制、诉讼制度、诉讼原则、狱政管理、具体的司法活动，以及与司法密切相关的司法设施如监狱、配所、公堂等。(3) 中国各个时期内各种类型政权的宏观法制状况，包括宏观立法情况、立法与司法的联系、法律的执行情况、法制的整体社会效益等等。(4) 对各个时期法律制度产生过重要影响的哲学思想、政治法律思想和学说。(5) 中国各个历史时期内社会各个阶层的价值观念、风俗习惯以及宗教等文化传统。[4]

“刑法”，是研究刑法及其所规定的犯罪、刑事责任和刑罚的科学。

“民法”，是研究民事法律制度、民事法律现象和民法所反映的社会发展规律的科学。

“刑事诉讼法”，是关于追究犯罪、查证核实犯罪嫌疑人是否实施犯罪、是否应当受到刑罚的处罚以及应当受到何种刑事处罚的法律科学。

“民事诉讼法”，是研究民事诉讼制度的诉讼法律规范和民事诉讼运行规律的法学学科。

“行政法与行政诉讼法”，是以行政法以及与行政法、行政诉讼相关的社会关系为研究对象的法学学科。

“国际法”，是研究主权国家之间以及其他具有国际人格的实体之间的法律规则的法学学科。

“法律职业伦理”，是将伦理学原理应用于法律职业领域中的学科。其研究对象具体包括：(1) 法律职业伦理的一般原理，如正义原则、保密原则、勤勉原则等。(2) 法律职业主体的伦理规则。即研究作为法律职业主体的法官、检察官、律师、仲裁员、公证员等法律职业人员在从事法律职业过程中应当遵守的规则。(3) 法律职业责任，即法律职业人员违反法律和道德规范所应承担的责任。(4) 法律职业伦理的养成教育，即对法律职业人员进行教育，使法律职业伦理成为法律职业者伦理意识的一部分，养成自律习惯的过程。

“经济法”，是以调整国民经济管理关系、维护公平竞争关系、组织管理性的流转和协作关系为研究对象的法学学科。

“知识产权法”，是以调整知识产权的归属、行使、管理和保护等活动中产生的社会关系的法律规范为研究对象的法学学科。

“商法”，是以调整平等主体之间商事关系或商事行为为研究对象的法学学科。

“国际私法”，是以调整平等主体之间的国际民商事法律关系并解决国际民商事法律冲突的法律规范为研究对象的法学学科。

“国际经济法”，是研究国际经济关系的法律规范的法学学科。

“环境资源法”，是研究关于保护环境和自然资源、防治污染和其他公害的法律规范，以及研究调整人们在开发、利用、保护和管理自然资源过程中发生的各种社会关系的法律规范的法学学科。

“劳动与社会保障法”，是研究调整劳动关系的法律规范以及研究为社会成员化解社会风险而提供保障的法律规范的法学学科。

“证据法”，是以证据和证明活动为研究对象的学科，即研究关于证据的法律规范，诉讼和非诉讼事务中运用证据确定事实的方法、规则和程序的学科。具体来说，证据法的研究对象主要包括：(1) 有关证据和证明的法律规范；(2) 证据运用的法律实务；(3) 证据理论，如证明责任分配学说、证明标准学说、非法证据排除学说、拒证特权的学说、自由心证的学说等。

“财税法”，是指以研究各个时代的财税法律规范及其所确定的财税法律关系和相关关系为对象的科学。财税法的调整对象，是指财政分配关系。财政分配关系是一种经济关系，是经济关系中的分配关系。中国特色社会主义财税法的研究内容一般包括：财政体制法（中央与地方收支划分法）、预算法、预算外资金管理法、国债法、转移支付法、基本建设投资和国有资产管理法、政府采购法、税收法、国有企业财务法（包括成本、折旧、费用的管理）、行政事业财务管理法等。

以上20门法学专业核心课程构成了一个完整的法学知识体系，基本包含了法治人才必须具备的法学专业基本知识、基本理论，法律制度从古到今演变发展的历史过程，法学专业学生必须掌握的法律法规的基本内容，进行法律诉讼的基本程序。

此外，与专业必修课学习相对应，《标准》还规定了法学专业学生在专业学习中还应选择一定数量的专业选修课。专业选修课程的设置应坚持以下原则：

第一，专业选修课要与专业必修课高度相关，形成延续性。如围绕专业必修课民法方向，选修课可以选开婚姻家庭继承法等课程；围绕刑法方向可选开犯罪学、犯罪心理学等课程；围绕商法方向可选择开设公司法、电子商务法、反垄断法等课程。

第二，专业选修课的设置一定要与专业必修课在逻辑上构成拓深拓宽关系。专业选修课的目的在于从深度、广度上加强对专业核心课程的理解和扩展。例如，为了进一步加深对民事诉讼法、刑事诉讼法的理解和运用，可设置民事诉讼法律实务、刑事诉讼法律实务、律师制度与实务、民法案例分析、刑法案例分析等一类专业选修课。

第三，专业选修课的开设要体现各法学院校法学专业的办学特色和优势，开设一些能突出专业特色的课程。如律师实务讲座、法官（检察官）实务讲座等。

当然，创新型应用法治人才的知识结构还包括法律职业技能知识，这主要由实践教学课程来实现，这些课程包括实践、实验实训等各种类型，要求学生在掌握一定专业知识的基础上，再到法律实务部门去进行一段时间的实习，在实务老师的指导下进行实务能力锻炼，提高解决实际法律问题的能力。

三、形成合理的整体性知识结构

通过以上的课程设置安排，学生通过大学本科阶段的法学教育，就能比较全面地掌握法学专业知识体系，了解与法学相关的人文社会科学和自然科学的基础知识，并掌握一定的法律职业技能知识，从而形成能适应法治人才及后备力量职业需要的合理的知识结构，即合理的整体性知识结构，使我们培养的学生具有创新的知识储备。其中核心的是要掌握法学专业知识体系，相比较其他专业来说，法学的专业课程无论从门类，还是学分上都要多一些，一般都在 80~90 个学分，只有掌握了专业的基本知识、基本理论，然后再在这个基础上拓展人文社会科学知识和自然科学知识，锻炼法律职业技能知识，才能说形成了合理的法学专业整体性知识结构，才能用所学知识、理论、技能去解决社会实践中的法律问题或其他社会问题。

第三节　创新型应用法治人才的知识储备途径

在大学法学教育中，法科学生获得知识的途径无非两条：一条是通过教师的认真传授获得，一条是通过学生主体自身的认真学习获得。当然二者不是截然分开的，而是要紧密结合在一起。只有教师认真教，学生认真学，二者密切配合，才能真正使学生获得好的知识积累。

一、加强课堂教学改革，向课堂教学要质量

课堂是展现教学内容和教学方法的实践阵地。在大学的教育中，学生的大多数知识都来自课堂的学习，因此，加强课堂教学的改革，吸引学生

课堂学习的兴趣，激发学生课堂学习热情，是创新型应用法治人才及后备力量培养的重要一环。

（一）继承传统，发挥讲授式教学方法在法学理论教学中的作用

讲授式教学方法一直是课堂教学的基本方法。就讲授式教学方法对专业基础还比较薄弱的学生传授知识性、理论性较强的课程内容来说，其效果是其他一般教学方法不可比的，这也是历经上千年的教学实践，讲授式教学方法仍经久不衰的根本原因所在。

在大学本科法学教育中，知识传授是其主要任务之一，课堂教学是知识传授的主要阵地，讲授式教学也是大学课堂教学的主要方式。什么是讲授式教学方法呢？讲授式教学法主要是通过教师在课堂上的讲授，将相对比较深奥、抽象的课本知识转化成比较通俗易懂的教学语言，向学生传授专业知识和理论。这种教学方法系统性强、逻辑严谨，遵循一定的教学时序，有计划有步骤地将书本知识逐步传授给学生，对于学生全面、深刻、系统、准确地掌握本学科知识起着其他教学方法难以替代的作用。法学专业知识内含着法学基本知识、基本概念和基本理论，它们共同构成了法学的专业知识体系，法学专业的基本知识、基本概念、基本理论都是法学家们从长期的法律实践中总结提炼出来的，其内容相对比较抽象，要使刚踏入法学领域的大学生们较好地掌握相对深奥、抽象的知识，使用讲授式教学法是一种理想的方法。

在现代大学教育改革大力推进的形势下，也有人对大学法学教学中的讲授式教学方法进行过反思，他们认为它有灌输知识的嫌疑，没能很好地发挥学生主体作用，不能很好调动学生学习的积极性。反思大学法学教育中的讲授式教学方法，我们认为，一方面，传统讲授式教学方法不能丢，因为它在法学基本知识、基本概念、基本理论传授中有其独特作用。另一方面，对传统讲授式教学方法进行一定程度的改革也是必要的，改革的切入点应是如何在讲授式教学中提高学生的学习主动性、积极性。基于此，很多法学院教师在法学专业课程教学中，巧妙地把启发式教学与讲授式教学结合起来，在教师讲授知识点的同时，也注意调动学生学习主动性，有

针对性地启发学生进行思考，发表自己对某个问题、某个观点的看法和认识，教师也会联系国家、联系社会、联系个人经历发表自己观点，师生间相互交流，相互感染，学生在这一学习过程中掌握知识、认识人生、了解社会、培养德性。

（二）加强教学改革，创新教学方法

法学是一门实践性很强的学科，联系创新型应用法治人才及后备力量培养的需要，法学课程教学方法也要进行有针对性、实效性的改革。

1. 大力推行案例式教学

案例式教学在应用型人才培养中是常用的教学方法，如商科人才培养中就常采用经典案例教学法，创新型应用法治人才及后备力量培养也要大力推行案例式教学法。因为在法学教学中，我们经常面对的教学内容不是理论的阐释，就是法条的讲解分析，这些内容既抽象，又深奥，难以把握和理解。即使花时间背下了一些法条，记住了一些法律基本理论，但一旦遇到具体的法律实际问题，也无从下手，不知如何处理。因此，采用案例式教学方法，以具体案例为媒介，将抽象的理论和法条化为具体的事实，使学生在易于理解法律原理的同时，也能了解一定的法律实务知识，掌握初步的法律实务技能，并能通过一系列的案例了解法律、了解社会。

如何分析案例？郑永流先生在其著作《法学野渡：写给法学院新生》中给了一个分析案例的思路和方法，很有借鉴意义。

＊分析案例的一般性思路和方法为：

判断案情类型。阅读案例最主要的是抓住主要事实和核心问题，切忌像看小说，一目十行。通过阅读案情，判断是一个什么类型的案件，是民事案件、刑事案件，还是行政案件。如果是民事案件，还要区分是属于婚姻、合同、公司，还是专利方面的案件。再看纠纷是什么、当事人有哪些、相互之间存在什么法律关系、（试卷）提出的问题是什么。

明确争议焦点。争议焦点往往是案件提出的问题，也是案情最关键的内容。在案例中，争议焦点一般表现为两个方面：一是原告的请求理由，

二是被告的抗辩理由。二者往往围绕一个事实或者一个情节展开，整个案情也围绕这一中心进行。一个案件中往往包括许多情节，要弄清楚各个情节之间有无关联、关联性质和程度如何等。在此基础上，排除一些与问题没有关联和对问题解决无作用的情节，提炼出回答问题需要的情节，使案件简单化、条理化、清晰化。

确定适用的法律。案件分析只不过是对法条的另一种考查。多数案例是根据法条编排的，在解答案例时，一定要分析背后的法条是什么。答案直接、明了、具体、确定，不要答非所问、模棱两可。要准确确定适用的法律，就必须熟知有关的法律规定，但也无须一字不差地记住某某条，只要答出基本意思即可。

分析说理，得出结论。针对案例提出的问题，运用有关理论和法律规定得出结论，是案例分析最重要、最关键的一环。结论是从前面的法条中经解释、分析、说明推导出来的。有时一个案子理论上有解答，可是没有具体的法律规定，或法律规定不清楚，但不能因为没有法律规定或法律规定不清楚而拒绝回答案件，因为法官不能拒绝裁判。此时，可能需要在不违背法律精神的前提下进行价值考量，作出合理的法律解释。

教师在进行案例式教学时，可以参考郑永流先生的这一方法，当然也可进行创新。在具体实施案例式教学时，一般采用两种形式进行。一是法学理论课程教学中有机渗入案例式教学，例如在讲授法学知识、法律原理时，可以用案例说明抽象的原理。二是专门开设案例教学课程，如法理学案例教学、刑法案例教学、民法案例教学等。这类课程一般是在大三开设，目的是训练学生运用法律知识解决具体法律问题的能力与技能，为学生今后从事法律实务打下一定的职业能力基础。湖南邵阳学院法学专业多年来采用案例教学法，并且与一般法学院校法学专业案例教学略有不同的是，在安排案例教学时，是在理论课教学中，在一些理论课课时中抽出20%课时作为案例教学课时，并由从法律实务部门聘请的兼职教师承担这部分案例教学任务。多年来的教学实践也证明，这种教学改革对学生法学理论知识的学习掌握起到了较好的作用，值得推广。

2. 倡导研讨式教学方法

研讨式教学方法是指教师按照一定的教学目的，围绕教学内容和与教学内容紧密相关的现实社会中的热点、难点、疑点提出问题，强化问题导向，让学生运用所学的法学理论知识，通过独立思考和相互探讨、研究，分析法学疑难问题的一种教学方法。

在具体的教学过程中，实施研讨式教学一般按 5 个步骤进行：

第一步，由教师根据课程教学内容设计问题，并将问题布置给学生思考，做好研讨准备。老师的问题设计应体现这样的设计思路：一是问题要与教材内容紧密契合，是根据该课程内容精心设计出来的问题；二是问题要与当时该学科学术界或实务界的理论研究或实务操作中的一些难点、疑点、热点相结合；三是问题数量要适度，每门课程布置的问题一般不得多于 4 个，因为研讨式教学每次课时量只安排半天或一天，布置过量的问题，就会在研讨过程中囿于问题多而浅尝辄止，研讨不深入，达不到应有的研讨效果。

第二步，学生带着问题进行独立探索。针对老师提出的问题，学生要充分利用学校图书馆、网络或各种搜索引擎，找寻相关文献资料、索引、相关研究论文，对每个问题进行研究分析。学生的研究要突出以下几个内容：第一，要破题，明确所研究的问题是什么性质的问题，问题的核心思想是什么？第二，要通过文献研究掌握针对本问题目前国内外研究状况和研究趋势，取得了哪些研究成果，在观点上有哪些突破？自己对这些观点抱什么态度？为什么？为了下一步交流的需要，要求每个同学在独立探索的过程中，要将自己的研究成果写成文字，文字材料要求条理清楚，表达准确。

第三步，小组间相互交流。让全班同学根据宿舍分布状况分成若干讨论小组，每组以 8 人为好（一般学生每 4 人一间宿舍，每 2 间宿舍的同学组成一组），每组学生设小组长 1 名（小组长可以轮流做），负责主持本小组的交流活动。小组交流要求每个同学都要将自己的研究成果进行汇报，然后大家针对各自观点展开交流、争论、辩论，最后小组内形成对每个问题的研究成果汇总，由小组同学分工合作，将对每个问题的研究成果制作成 PPT，在下次课堂讨论汇报时展示。

第四步，课堂讨论。课堂讨论一般在学校（或学院）的研讨式专用教室进行，一般每次上课学生不超过 32 人（有的规定 50 人以下），课堂内，学生分组在各自圆桌边就座，然后在老师指导下，每个问题由每个小组分别指派 1 名同学进行汇报，汇报后，各组同学在课堂上都可针对问题提出自己的看法，并阐明理由，一番交流后，教师针对问题作一简单小结。小结可以是对学生观点的赞同，也可以是对学生观点的纠正，也可以是提出进一步探讨的希望。

第五步，总结提高。课堂讨论结束后，教师指导学生认真回顾一段时间来大家针对问题进行探索、交流、课堂讨论的全过程，想想在这一过程中收获了什么，有哪些能力得到了提高，还存在哪些遗憾和不足，下一步应该如何改进，并对教师的教学有哪些新期待、新要求。通过总结，达到相学相长之目的。

研讨式教学贯彻了“学生为主体、学生为中心”的教学理念，充分调动了学生的学习主动性、自觉性、积极性，对提高学生问题意识、研究能力的效果十分明显，是培养创新型应用法治人才及后备力量值得推广的一种教学方法。

但是研讨式教学对教师的要求较高，同时每一次课的完成周期都比较长，如果我们法学专业每门课程都安排研讨式教学，这对于教学任务相对繁重的法学专业来说，实在有点吃不消。

3. 鼓励互动式教学法

培养创新型应用法治人才及后备力量需要培养学生的分析问题、研究问题和解决问题的能力，互动式教学方法比较好地契合了这一要求。互动式教学方法是对传统法学教学方法的一种创新，它注重发挥教师、学生在课堂教学中的双主体作用，摈弃了传统法学讲授式教学中的教师讲、学生听，学生被动接受知识的相对静态状况。教学中 1～2 名教师共同参与学生课堂教学，师生之间、生生之间、师师之间就某个话题展开多向交流，互相提问、互相辩论，你来我往，针锋相对，课堂气氛热烈，每个人的思维都被充分调动，大家在相互交流中提高了问题意识，增强了辩论能力，激发了研究兴趣。

二、法学专业学生获取知识的途径

法学专业学生要获得系统的法学专业知识、丰富的人文社会科学知识和自然科学知识，形成完整的专业知识结构，除了从老师的课堂教学中获得外，另一条重要途径就是开拓自己的学习途径，创新自身的学习方法。

（一）从课堂学习中获取系统的法律知识

法学是一个博大精深的学科，作为人类最古老的学科之一，法学学科经过上千年的发展，形成了若干个分支学科。现在大学法学教育开设的每一门课（法学专业基础课、专业课、选修课等）都可独立成为一门学科。一般来说，一个法学本科专业在课程设置时都安排 16 门以上的专业类课程。这么多的课程，构成了法学本科专业的理论课程体系，其课程内容就构成了法学专业的知识体系，涵盖了宪法学、民法、刑法、中国法律史、行政法与行政诉讼法、商法、知识产权法、国际法等各门法律课程。

面对浩瀚的法学专业知识，如果仅靠我们同学去自学，很难使每个同学都获得系统的法学专业知识体系。因此，我们的教师已对众多的课程按照循序渐进的原则进行了安排，全部课程在大学本科阶段完成，先学什么、后学什么，安排得井然有序，并且每 1 门课程都安排 1 名或 1 名以上教师进行讲授。我们通过这一系列课程的正常学习，就可以学到法律的知识体系和思想体系。所以，对于法学本科学生来说，课堂是我们获取法学专业知识的主渠道。认识到这一点，当我们刚进入大学法学院时，就要端正学习态度，做到认真上好每一堂课，在一堂一堂的课程学习中不断获取知识、积累知识、消化知识，最后形成法律知识体系，具有法律实务能力。

（二）在学习法条中获取法律知识

法律知识主要还是来自法条，因此，要获取法学专业知识，就要认真学习并研究法条。每当一部新的法律颁布出来，我们就要尝试对这部法律进行研读。如何在研读法条中获取法律知识呢？是不是把法条背下来了就算是获得了知识呢？能把一部法律中的法条全背下来，这当然是好事，当然也可以算是对该部法律相关知识的一定程度上的掌握。但背法条一方面很辛苦，另一方面也很费时费力，这对于学习任务重、学习压力大的法科学子来说，实在是不可取的办法。

我们在通过该法条学习掌握知识的过程中，首先要对这部法律的立法背景有个大概的了解，知道为什么在这个时候出台（或者修订）这样一部法律。然后再看该部法律是调整什么关系的，看它的章节编排，再看主要内容。如果是修订的法律，就要看修订内容与上一版有什么不同，分析为什么这样修订。

当然，要真正通过法条学习掌握法律知识，更重要的还是要在实际运用中去理解、去熟悉、去掌握。我们可以结合自己或老师提供的一些案例，尝试对法条进行运用，在实际运用中不断地探析法条的含义，思考自己运用得妥当不妥当，如此反复，也就熟能生巧了。

（三）在日常的生活中获得法律知识

法律渗透于我们生活的方方面面，作为法科学子，只要我们能做生活中的有心人，我们随处都可学到法律知识。如我们可以每天看看电视，现在电视节目上法治类专栏节目特别多，不过看的时候，不能只看故事情节，而是要从一个法律专业人的角色去看，看你对某个案件的看法与专家的看法是否基本一致，如果有出入，原因是什么？如果是自己知识上的不足，就要恶补一下。又如，平时我们看新闻联播，也可以从法律的视角去看，去分析新闻中的一些热点问题。当然，我们也可以关注身边的一些事情，从法律角度去分析。如2020年以来，新冠肺炎疫情全球流行，在防疫中，要求大家戴口罩，可有些人偏偏不愿戴，对这种行为做法，从法律的角度我们如何分析、去处理。就在生活中一件件小事的法律分析中，我们的法律知识会不断充实，系统的法律知识体系就会慢慢形成。

（四）从参加学术讲座中获得法律知识

大学是产生知识并传播知识的地方，大学讲座是学生获得知识和见识的有效途径之一。一般来说，在全国比较知名的大学里，各类学术讲座是比较多的。笔者的母校中南大学法学院几乎每周都有专业学术讲座，每次讲座邀请的嘉宾很多是全国（也有海外知名教授学者）知名教授学者，每次讲座的内容大多是当时热点、难点问题，所以这样的讲座对于法科学子来说，是最宝贵的学习资源之一，值得特别珍惜。但在一般本科院校，这样的学术讲座就相对少了，正因为少，其显得尤为珍贵。

从讲座中获取法律知识除了要认真对待讲座外，还要注意养成正确的听讲座的方法。首先，在讲座海报挂出来之后，如果你决定要去听这个讲座，那就要做一些功课。你需要了解这个讲座的主题，了解主讲人的身份，通过网络（搜索引擎）查找资料，了解主讲人在这个主题的研究上发表的论文，提出了哪些观点。其次，要认真听讲座，做好笔记。看主讲人针对主题提出了哪些观点，又是如何论证的，与之前他发表的论文中提出的观点有哪些变化。最后，针对上面你发现的问题，可以在听众提问阶段向主讲嘉宾提出问题，甚至可以与主讲嘉宾进行一定程度上的探讨。通过多次这样的训练，不仅可以极大丰富你的法学专业知识，还可以提高你发现问题、分析问题的能力。

总之，法科学子在大学学习期间获得法学专业知识的途径很多，但不管途径有多少，最重要的还是要有求知若渴的态度，要付出辛勤的努力。

第四节　法学家们谈获取法学知识的方法

在法学界，很多法学家们都特别关心青年一代法科学子的成长成才，他们或以访谈形式，或亲自撰文来向法科学生们介绍他们曾经走过的求知之路，提出了很多学习法律知识的建议。

我国著名民法学家梁慧星教授在《怎样把自己造就成一个优秀的法学人才?》一文中指出，作为一名法科生，在法律学习方法方面首先要明确自己的学习目标。他认为，要成为一名优秀的法学人才，应该要有扎实的法学基础知识，要掌握一定的法学能力，同时要有正确的学习方法。在如何掌握扎实的法学基础知识方面，他认为要以概念体系为核心夯实基础知识。因为任何一个部门法，都是由一套概念体系构成的。在法律学习中，我们知道，法律作为行为规范，都是由构成要件、适用范围、法律效果三部分组成的，学习法律就要从规范入手，掌握每一个规范的构成要件、适用范围和法律效果。但法律规范都是由概念表述的，所以要了解法律规范，首要的任务是要掌握该法律规范中的一套概念体系，只有掌握了这套概念体系，且掌握得准确、完善，才能说有了扎实的法学基础知识。为了掌握法学某一学科的概念体系，就要挑选该学科最好的教材，然后对该教材进行反复精读，理解该学科的每一个概念，这样才能形成完整的概念体系。为了加深对概念的理解和记忆，还要注意在运用中学，要结合一些热点问题，试着结合法律概念分析问题，加深对概念的掌握。另外要战略性地看待外语水平，不要轻视外语学习。他最后特别强调，要成为优秀法学人才，勤奋是非常重要的条件。

著名民法学家王利明教授有很多关于如何成为优秀法律人的论述，笔者这里只介绍他对新时代法律人知识能力的要求。他认为，只懂法律，而不了解其他社会科学的法律人是不成功的。他说，从法学学科内容知识划分的形成历史来看，民法、刑法、行政法等法学领域并不是天然形成的，而是法律人为了更有效率地认识和组织法学知识而人为创立。但有不少法律人却将法学学科内部的这种划分当成一种真理，或者视为一种封闭性的知识。现代社会是一个信息爆炸、知识剧增的社会，也是一个知识融合的社会。科技和互联网的发展、经济全球化都使许多新的知识不断产生，任何学科都不可能游离于其他学科之外单独存在。法学作为一门社会科学，要真正深入研究社会现象，把握人类活动规律，并构建科学合理的社会行为规范，仅仅靠法学自身的知识是不够的，必须充分利用其他学科研究者所积累的人类智慧，吸纳其他学科认识人类活动的方法和知识。从今后的发展来看，法律经济学、法律伦理学、法律社会学、法律心理学、法律人类学、法律与文学、法律与宗教、法律的性别分析等甚至有分别成为独立学科的趋势。他还特别提出法学教育应注重学生辩论能力的培养。

我国著名刑法学家张明楷教授介绍了学习刑法的基本方法。他指出，学习刑法要熟悉条文、训练判案能力，最重要的是要有正义感。他认为，犯罪的本质是侵害了国家、社会和他人的利益，不包括侵害自己的利益。学习刑法一定要抓住问题的实质。学习刑法，首先要尽可能熟悉《刑法》的重要条文。其次是要不断提升自己的“判案”能力，即判断案件事实和《刑法》条文对应性、符合性的能力。最后，他认为，学习刑法，最重要的是心中要永远充满正义感，永远追求最妥当、最适合的解释结论，这也是每个刑法人的使命。

中国政法大学的郑永流教授在其《法学野渡：写给法学院新生》一书中从介绍法学学科性质入手，依次介绍了法律人的思维特征和职业理想、法律人如何养成、法学学习方法、论文写作的基本技巧等内容。该书是一本值得推荐的引导法科学生学习进步的好书，阅后定会对我们更好顺利成为法律人才有很大的帮助。因此，我们希望无论是初入法学院大门的法科新生，还是已在法学院苦读的法学院老生们，有空看看本书，做好自己努力成为法律人的人生规划，诚如郑教授所言：法学生善规划者易于成功。

参考文献

[1]《习近平法治思想概论》编写组．习近平法治思想概论［M］．北京：高等教育出版社，2021 年版，第 1 页．

[2] 孙国华，朱景文．法理学（第四版）［M］．北京：中国人民大学出版社，2015 年版．

[3]《宪法学》编写组．宪法学［M］．北京：高等教育出版社、人民出版社，2011 年版，第 1–2 页．

[4] 曾宪义．中国法制史（第三版）［M］．北京：中国人民大学出版社，2009 年版，第 3–4 页．

第七章

法学实践教学与创新型应用法治人才法治实务能力的培养

《法学类专业教学质量国家标准（2021 年版）》指出，法学类专业教育是素质教育和专业教育基础上的职业教育。作为法学职业教育，培养法科学生的法律职业技能已成为法学教育的重要内容之一，而法学实践教学则是培养法学学生职业技能的重要途径。在高等学校法学教学中，法科学生在专业知识积累达到一定程度、自身素养有了一定提升的基础上，通过一定形式的法学实践教学活动来锻炼学生的法律职业技能，是培养创新型应用法治人才及后备力量的重要途径。诚然，在法治人才的培养过程中，我们知道，法治人才的培养主要完成两大任务，一是法学专业基本知识、基本理论的传授；二是法律职业技能的训练。前者主要在学校法学院完成，由法学院的理论课教师承担这一教学任务，即以理论教学的方式实现；后者主要在法律实务部门完成，由法律实务部门的法官、检察官或律师等法律职业者来承担训练任务，即由高校法学院校的实践教学方式实现。法学实践教学是指以培养学生法律职业技能为教学目标，主要在校外法律实务部门或在校内模拟法庭、法学实训室等场所进行的教学活动方式。其中尤以校外实践教学为主，目前，中国大多数法学院系都比较普遍地采用了“高校+地方法律实务部门”合作培养法治人才的模式，就是将校内法学理论教学与校外法学实践教学相结合的方式培养创新型应用法治人才的重要模式。

第一节　法学实践教学对创新型应用法治人才培养的意义

法学实践教学是法科学生认识社会、认识职场、巩固所学知识、学习新的知识的重要途径，司法实务实习、律师实务实习更是法科学生锻炼司法实务技能的重要途径，做好法学专业实践教学工作意义重大。

一、法学实践教学是法科学生进一步加强法学专业思想教育、了解中国特色社会主义法治建设状况的重要途径

法学实践教学是对学生进行系统而深刻的法学专业思想教育的很好途径。“法学教育则是以法学为主要教育内容的教育形态。法律和法律现象的政治性和意识形态性，决定了法学和法学教育的政治性和意识形态性，一切法学和法学教育都是为本国的国家目标服务的。”① 正是因为法学教育的政治性和意识形态性，法学教育不仅要对学生传授法学专业知识，而且要对学生进行思想政治教育和职业伦理教育。在法学实践教学中，学生通过参与案件办理（无论是在法院、检察院、律所、公证处，还是其他法律实务部门），能够比较清楚地了解我国法治实施的情况，进一步增强学生对走中国特色社会主义法治道路的自信；通过对自己身边法官、检察官、律师、公证员等“法律人”群体为实施法治而忘我工作、忠诚履职的事迹的了解，增强法科学生们从事法律职业的光荣感，逐步形成献身中国特色社会主义法治事业的精神。

二、法学实践教学是法科学生巩固法学理论教学成果 、锻炼法律职业技能的重要载体

法律的本真要求突出实践价值，甚至有人认为法学教育实践为王，把

① 陈惊天．新时代的法学教育应发挥基础性先导性作用［J］．人民法治，2018（16）：1.

法学实践教学提到了相当高的位置。美国著名大法官霍姆斯曾经说过："法律的生命不在于逻辑，而在于经验。"法律主要不是人们通过逻辑创造出来的，而是在社会实践中生成的。法学教育要特别处理好法学理论教学与实践教学的关系，要高度重视法学实践教学。

法科学生良好的法律素养当然要建立在扎实的法学理论基础知识上，但是法学作为一门实践较强的科学，学生要真正扎实掌握法学知识，养成良好的法律职业素养，习得熟练的法律职业技能，都必须通过实践才能真正实现。法学专业实践教学环节的安排就是为实现这些培养目标而设置的教学任务。

法学实践教学能有机地将法学理论与法学实践完美结合，极大提升学生对法学理论知识的掌握水平；能将法学书本知识与法学实践经历有机结合，极大增强学生对书本知识的理解。法学实践教学活动中法科学生能把抽象的中国司法与现实的中国司法结合起来，能让他们对现实的中国司法的认识提高到一个新的高度；能将抽象的审判执行活动与具体的审判执行活动结合起来，使他们对具体的审判执行活动有一个真实的了解；能把理想中的法官（检察官、律师、公证员、基层法律工作者等）与对现实中的法官（检察官、律师、公证员、基层法律工作者等）的认识结合起来，从而对现实中的法官（检察官、律师、公证员、基层法律工作者等）、对法官职业（检察官、律师、公证员、基层法律工作者等职业）有一个全面、深刻的认识。

例如学生在法院进行的司法实务实践教学中，学生们在老师（主要是指导法官）的指导下将所学的法学专业知识与具体的法律案件相结合，在充分了解、掌握案件事实的前提下，分析本案件涉及的具体的法律概念、法律原则、法律条文，然后将法律条文与具体案件事实相结合，找到解决具体案件的方案。这一过程，既锻炼了学生概括、分析案件事实的能力，又让学生进一步巩固了专业相关理论教学效果，培养了学生发现问题、分析问题、解决法律问题的能力，同时锻炼了学生逐步独立从事法律实务工作的能力。正如著名法学家周汉华先生所说："一个良好的理论基础肯定有利于掌握规则及其适应，丰富的实践经验又会促进理论的进一步提高。”[1] 法学实践教育就是以培养学生独立、自主创新等精神为目标，以学生自我体验为主要学习方式，力求在师生互动的教学过程中，达到法律知识积累和情感的有机结合。它把学生学习主题与社会生活实际结合起来，师生运用真实案件或者模拟案例，让学生自己感受、吸收、领悟法律知识体系和法律理念，经过自主探究、合作、分享和交流，解决与社会生活密切相联系的具有一定挑战性和综合性的问题，以提高学生解决实际问题的能力和素养。[2]

三、法学实践教学是法科学生认识社会、了解社会、融入社会的重要机会

法学作为实践性非常强的社会科学，它一方面要求学生了解并掌握丰富的社会科学知识，以更好服务法治国家建设，另一方面，在高等学校法治人才及后备力量的培养过程中，它又要求法科学生能深入社会、认识社会、了解社会、融入社会，能在社会中成长，在社会中找到发展机会。法学实践教学为法科学生接触社会、了解社会提供了良好的机会。在法学实践教学中，学生们走出学校象牙塔，进入法院、检察院、律所、公证处、企业、社区等部门实习，开始接触真正的社会。在法院、检察院、律所实习的法科学生，能开始接触到真实案件，并能在法官、检察官、律师的指导下接触到案件当事人，可以了解到案件当事人对法治的渴求，对公平正义的渴望。在社区、工厂、企业实习的法科学生，可以了解到基层群众对法治的希冀、对于法律以及高质量法律服务的需求。通过法学实践教学，可以了解基层社会治理状况，了解我国基层司法的运行情况，了解社会对法律、法治的需求，对高素质法治人才和各类法律服务人才的需求，进而为自己真正在社会中找到自己的位置打下坚实的基础。

法科学生在实践教学过程中，以“实习法官助理”“实习检察官助理”“实习律师助理”“实习基层法律服务工作者助理”等身份同法官、检察官、律师、基层法律服务工作者等法律人交往，同法院、检察院的书记员交往，同当事人交往，甚至还会有很多的机会外出进行社会调查，这些交往交流、社会调研正是我们法科学生认识社会、了解社会、走上社会的重要尝试。

四、法学实践教学也是锻炼学生综合能力的重要途径，是法科学生成长成才的重要途径

在法学实践教学活动中，法科学生们要同实习单位领导沟通，要同指导老师（主要是实习单位安排的指导法官等）沟通，要同当事人沟通……这一切有助于锻炼法科学生们的沟通能力。实践教学中法科学生们既要同指导老师们合作，又要同实习单位的其他工作人员合作，当然也要同学校带队老师合作……这一切有助于锻炼法科学生们的合作共事能力。实践教学活动中，法科学生们要进行各种工作沟通、人际沟通，还要撰写各类法律文书、调研报告，这一切都需要良好的语言表达能力和文字表达能力，因此，法学实践教学也有助于法科学生们的表达能力的提高。法学实践教学中指导老师也有可能让法科学生们做好开庭前的准备工作或者直接组织基层法律调解工作等，这一切都有利于锻炼法科学生们的组织能力、工作协调能力。在法学实践教学中，法科学生们还会承担很多整理案卷、做庭审记录、做调解记录等书记员的工作，这些工作有利于培养法科学生们吃苦耐劳的精神……历届参加过法学实践教学的同学在返校后都有一个共同的感觉：就是他们已变得更加自信、更加自律、更加有团队精神，做事勇气更足、心志更加成熟，有些同学甚至感慨，一次扎实的法学实践教学甚至比大学三年的学习更能促人成长。

五、法学实践教学也是学生树立专业意识，培养学生实践能力和创新能力的重要途径和手段

高等法学教育在学生通过一定的理论学习掌握了较扎实的法学基本知识、基本理论，形成了比较完整的法学知识体系后，就为学生进一步发展打下了坚实的理论基础。而法学实践教学又为学生巩固专业理论知识、运用专业知识提供了平台。同时，法学实践教学也为学生提供了了解社会、接触法律具体问题的机会 。在创新型应用法治人才及后备力量培养中，法学理论教学与法学实践教学的相互配合、相互依托，共同构建起了法科学生们的法学专业知识体系、社会科学知识体系和法学职业技能知识体系，使学生树立起牢固的专业意识。

同时，法学实践教学也会激发学生关注社会的兴趣，法科学生们能在他们关注的众多的法律话题中发现一些自己感兴趣的问题，然后确定为自己进行调研或研究的主题，并在调研或研究中找到问题的症结所在，提出解决问题的合理性建议。通过这一系列的实践教学活动，能够提高学生的综合素质和实践、创新创业能力。

第二节　法学实践教学体系的构建

法学实践教学是高等法学教育教学的重要组成部分，在创新型应用法治人才及后备力量培养中有着十分重要的意义。高等法学教育要充分发挥好法学实践育人的功能，就要根据法律职业市场对法律职业人才素质、技能等要求，根据法学实践育人的教学规律构建好科学的法学实践教学体系。

一、法学实践教学体系构建的总体思路及基本原则

（一）法学实践教学体系构建的总体思路

构建法学实践教学体系要坚持以推进全面依法治国对法治人才的培养要求为依据，充分利用现代科技发展支持高等法学教育的成果，以提高学生的人文素养、品德修养为导向，以培养学生法学职业能力、科学研究能力为根本，以培养学生综合素质为核心，以锻造学生的创新意识、创新精神和创新能力为主线，构建科学规范、运行有效的法学实践教学体系。

（二）构建法学实践教学体系的原则

构建法学实践教学体系要按照“注重基础、强化训练、加强综合、培养能力”的要求，把握以下基本原则：

1. 目标性原则。围绕法学专业培养目标和创新型应用法治人才及后备力量培养规格，实现实践教学活动各要素之间协调统一、各教学环节相互配合、实践教学与理论教学互相渗透、教学内容和课程体系改革相适应。

2. 全程性原则。遵循由感性认识到理性认识的认识规律，按照法律职业能力培养由认识到实践的教学规律，运用系统科学的方法，结合专业特点，按照组成法学实践教学活动的各环节的地位、作用及相互之间的内在联系，使之互相衔接、彼此关联、具有连续性，并贯穿于全学程。

3. 产教融合原则。深入探索校地合作、校地协同培养创新型应用法治人才及后备力量模式，完善校地合作育人、协同育人机制。

4. 个性化原则。根据法学专业的特点，制定切实可行又独具特色的法学实践教学体系。

5. 规范化原则。规范法学实践教学的内容、形式，制定出相应的教学方案、教学规范、考核标准和要求。

二、法学实践教学体系的内涵

根据创新型应用法治人才及后备力量培养目标的要求，结合其对知识结构、能力培养的需要，围绕专业人才培养方案的总体框架，结合专业自身的优势和特色，构建“三类实践、四项能力、三个平台、五大模块”的“三四三五”创新型实践教学内容体系。

（一）法学实践教学的“三类实践”

法学实践教学的“三类实践”指课程实验、专业实训和综合实践。

法学课程实验主要以实验（上机）为内容，深化学生的理性认识，提高学生分析问题和解决问题的能力。目前高等学校法学教育实践教学中设置的法学课程实验项目一般有由中南财经政法大学开发的法学实验教学系统（Legal Experimental Teaching System，即“LETS”）等。

专业实训以实习（实训）、论文为内容，培养学生专业实践能力，主要包括学年论文、综合设计性课程、专业实习、综合实训、毕业论文等。

综合实践以社会实践、科研创新活动为内容，培养学生创新精神和创业素质，提高学生的综合素质，坚持四年不断线，主要包括入学教育与军训、创新创业实践（含创新创业项目、学科竞赛、科研训练、论文成果、学生科研立项等）、素质实践、社会实践（“三下乡”社会实践活动、暑期社会实践与调研、境外实践、其他类型社会实践）、大学生志愿者服务（含义工活动）、职业技能培训及就业指导等。

（二）法学实践教学的“四项能力”

法学实践教学的“四项能力”包括通识能力、专业能力、创新创业能力、职业发展与社会能力。

通识能力是指从事法律职业活动应具备的能力，主要包括法律职业适应能力、法律实务操作能力、法律表达能力（含法律文书写作能力、法庭辩论口头表达能力等）、组织管理能力、人际交往能力等。

专业能力是指在法学专业领域的活动中表现出来的能力，主要包括专业基础能力、专业核心技能和专业综合能力。

创新创业能力是指成功完成创新创业所必需的各项能力，主要包括：发散性思维、敏锐的洞察力和判断力、创造性的观察能力、创造性的知识应用能力、沟通合作能力、预见风险和承担风险的能力等，与他人交往、合作、共同生活和工作的能力等。

职业发展与社会能力是指基本生存能力、基本发展能力，它是学生在职业活动中，特别是在一个开放的社会生活中必须具备的基本素质，主要包括与人交流能力、与人合作能力、解决问题能力、创造创新能力、外语应用能力等。

（三）法学实践教学的“三个平台”

法学实践教学的“三个平台”指校内实验实训平台、网络实践教学平台、校外实践育人基地。

校内实验实训平台以适应教学内容、最新软硬件条件及实验难易程度所构建的实验教学体系为内容，主要包括计划内实验和计划外实验两部分。计划内实验主要包括：基础实验模块、专业基础实验模块、专业方向实验模块；计划外实验主要包括：固定拓展性实验和学生自拟拓展性实验。

网络实践教学平台以实验、实习、毕业设计（论文）信息化管理平台为基础，提升实践教学信息化管理水平，以构建高效、开放、共享的实验教学运作模式和校内外实习基地运行管理机制为主要内容，线上与线下相结合，实现“移动智能终端”在手即可知晓平台的有关信息。

校外实践育人基地是开展实践育人工作的重要载体，主要包括校外实习实训基地、校企（校地、校校）合作人才培养基地、产学研合作基地、大学生创新创业实践基地、社会实践活动基地等。

（四）法学实践教学的“五大模块”

法学实践教学的“五大模块”即素质拓展模块、实验教学模块、实习实训模块、论文设计模块、科研创新模块。

素质拓展模块重在增强学生对社会的认知能力、适应能力，目的是培养学生的综合素质，养成有助于个人发展的良好个性品质，包括两课实践、军政训练、体育训练、社会实践、社会调查、艺术创作等。

实验教学模块是以加强实验操作技能为核心的训练，从而加深学生对基本理论的认识和理解，目的是培养学生求真务实的科学态度、严谨细致的作风，锻炼分析问题和解决问题的能力，主要包括 LETS 实验和证据科学实验。

实习实训模块主要包括庭审观摩、模拟法庭、专业实习、毕业实习等项目。

论文设计模块是依照法学专业学生所应具备的能力结构要求进行的专业综合能力训练，为法科学生构建专业能力平台，包括学科论文、调研报告、毕业论文等。

科研创新模块是发挥法科学生的创新思维和创造性，使学生的理论知识得到巩固和升华，突出学生个性发展，提高学生创新能力的训练，包括学生科研立项、各级各类学科的竞赛（包括模拟法庭竞赛、法律文书写作竞赛、立法技术竞赛、挑战杯等）等。

三、构建法学实践教学体系的具体要求

第一，根据法学专业人才培养的目标和要求，在保持法学专业特色的基础上重组实验教学内容，原则上人文社科类专业实践教学占总学分（学时）的比例不低于20%。

第二，不断完善实践教学中各实习实训环节的教学内容。加强国防教育和军政训练，进一步增强大学生的国防观念和国家安全意识，培养他们的爱国主义、集体主义和革命英雄主义精神；强化阶段实习、毕业实习环节的教学内容和管理机制；加强和改进大学生社会实践，提高大学生实践能力、社会适应能力；完善必读书制度，丰富内容，合理安排。

第三，采取多种形式开展实习，加强认识实习、生产实习、毕业实习各环节的质量监控，加强校外实习基地建设，积极探索开放实习的途径，提高实习的效果。

第四，进一步规范实践教学中毕业设计（论文）的教学内容。完善相关论文写作制度和管理制度的建设，加强毕业设计（论文）过程管理与监控。

第五，积极鼓励学生参与教师科研课题、科研立项、开放实验项目、各级各类学科和科技竞赛（数学建模、电子设计大赛、挑战杯等）、社会实践、社会调查、艺术创作等，并将其纳入素质拓展与创新学分管理内容之中。

第六，加强和加快各类实验室、实践教学基地的高水平建设，在规模、质量、效益、创新等方面有新的突破。学校各类实验室都要面向学生开放，每个专业建成 3 个以上高质量实践教学基地。

＊邵阳学院法学专业实践教学方案（部分）

一、人才培养目标

本专业培养适应中国特色社会主义法治国家建设、能为地方经济社会发展服务、德智体美劳全面发展的基层创新型应用法治人才及后备力量。要求学生掌握马克思主义基本理论，具有良好的法律信仰、法治理念、法律思维及人文素养，掌握法学基本知识、基本理论和基本技能，富有社会正义感、团队合作和责任担当精神，具有较强的创新意识和创新能力。毕业后五年能担任法官助理、检察官助理、律师等，能在其他国家机关、企事业单位、社会团体从事法务或相关工作。

二、实践教学体系

按照学校“三四三五”实践教学体系（“三四三五”实践教学体系是指：①三类实践：课程实验、专业实训和综合实践；② 四项能力：通识能力、专业能力（包括专业基础能力、专业核心技能和专业综合能力）、创新创业能力、职业发展与社会能力，实践能力描述详见表 7-1；③三个平台：校内实验实训平台、网络实践教学平台、校外实践育人基地；④ 五大模块：素质拓展模块、实验教学模块、实习实训模块、论文设计模块、科研创新模块。

实践教学体系如图 7-1 所示。

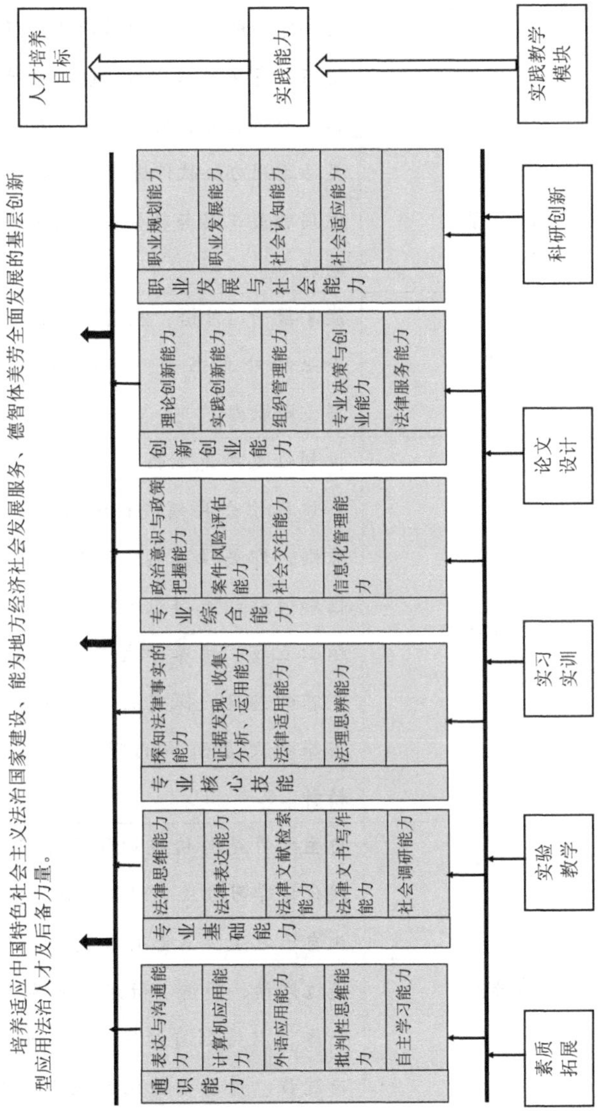

图 7-1　实践教学体系结构图

表 7-1 实践能力描述

能力类别	能力名称	能力描述（150 字左右）
通识能力	表达与沟通能力	表达能力是指善于把自己的思想、情感、想法和意图等用语言、文字、图形、表情和动作等清晰明确地表达出来，并善于让他人理解、体会和掌握的能力。沟通能力是指与他人有效地进行信息交流的能力，包含交流能力、倾听能力、争辩能力和思维设计能力。
	计算机应用能力	灵活运用办公软件进行文字编辑、制作 PPT 及运用相关工具与软件进行文献检索和信息查询的能力。
	外语应用能力	能掌握一门外语，能借助工具书阅读本学科和专业的外文书刊，具备一定的听、读、说、写、译能力。
	批判性思维能力	批判性思维是理性与创造性的核心构成，具体体现于公共领域的说理与评估遵循的基本原则，即关注事实、逻辑和情理。它围绕理性和开放两大习性和能力、反思与合理两大核心立场，培养学生尊重事实与说理、审慎宽容的态度、探究的思考方法和力求责任担当等四大方面的批判性思维技能和批判性精神。
	自主学习能力	自主学习是与传统的接受学习相对应的一种现代化学习方式。以学生作为学习的主体，学生自己做主，不受别人支配，不受外界干扰，通过阅读、听讲、研究、观察、实践等手段使个体可以得到持续变化（知识与技能、方法与过程、情感与价值的改善和升华）的行为方式。

续表

能力类别		能力名称	能力描述（150字左右）
专业能力	专业基础能力	法律思维能力	法律思维能力是指能够用准确的法律知识原理识别和系统地阐明法律问题、准确地理解和解释法律概念，并通过法律逻辑推理和分析来解决法律实际问题的能力。
		法律表达能力	能在法律工作中习惯于运用法言法语进行言语表达，能在法律工作中按法律规定进行书面表达。
		法律文书写作能力	法律文书的写作既是法律人工作的一项基础技能，也是初入职场的法律人所面临的一项必备工作。学生在学习阶段要掌握法律文书的基本概念、特点、种类和作用，熟知各种不同类型法律文书的概念、作用、具体写作要求、文书写作需要注意的问题，最终做到能写会用。
		法律文献检索能力	法律文献检索能力是衡量学生法学研究水平和法律综合素养的重要标准。在信息无处不在的今天，如何快速地在大量的信息中获取所需要的目标信息，是提高学习、工作效率的基本要求。
		社会调研能力	能就有关法律、法治等方面问题组织、进行社会调研，找到问题关键点，撰写调研报告，调研成果能为相关部门决策或开展工作提供参考。
	专业核心技能	探知法律事实的能力	探知法律事实的能力，是指在调查案件事实的过程中，执行调查策略、策划事实调查、确定事实真相以及对已获取的信息进行分析的能力。探知法律事实是法律实践的重要环节，它包括证据调查、收集，视听资料的采集，对法律事实的分析、认定等，这些都直接决定着适用法律的最后结果。

续表

能力类别		能力名称	能力描述（150字左右）
专业能力	专业核心技能	证据发现、收集、分析、运用能力	证据是诉讼的脊梁，是法治的基石。对证据的发现、收集、分析和运用能力直接影响案件事实的认定和法律的适用，一并影响到案件办理的质量和诉讼结果，因此是法律从业人员必须具备的核心技能。
		法律适用能力	法律适用能力是指法律从业人员准确适用法律规则解决案件争议的能力，法律适用能力的强弱直接影响办案质量和案件处理结果。
		法理思辨能力	法理思辨能力是指能够准确地运用法的价值、法的精神对案件进行整体评判，并具体指导案件处理的能力。
	专业综合能力	政治意识与政策把握能力	政治意识指保持清醒的政治头脑，具有正确的政治思想、坚定的政治立场、敏锐的政治观察力和政治鉴别力。政策把握能力指能正确理解、贯彻、执行党和国家路线方针政策的能力。
		案件风险评估能力	案件风险评估就是分析确定案件风险隐患的过程，进行案件风险评估是为了了解在办案过程中会面临什么风险、风险有多大，以及应该采取什么措施去减少、化解、规避风险。
		社会交往能力	社会交往能力是未来法律职业者应具备的最基本的能力。法学教育应尽可能地使学生在学校期间便初步具备通过文字或者语言与他人或社会交换法律信息、提出法律建议、表达法律意见的能力。这一能力既表现为口头交流表达能力，也表现为文字交流表达能力。法律学生应当能使用有效的交流方法，对交流对象的观点进行评价，能够为当事人提供咨询和建议，用自己的法律知识来满足当事人要达到的目的。

续表

能力类别		能力名称	能力描述（150字左右）
专业能力	专业综合能力	信息化管理能力	信息化管理能力是现代法律从业人员必须具备的能力之一，具体内容包括对案件全流程的信息化处理及控制、对团队事务的信息管理等。
创新创业能力		理论创新能力	理论创新能力是指在实践教学过程中，根据对法律实务工作的实际情况对已有理论形成更深入的认识，从而具备一定的理论创新能力。
		实践创新能力	实践创新能力是指在实践教学过程中，通过对法律实务工作的内容、特点以及规律的了解，结合掌握的理论知识，就推进法律实务工作实践创新形成特有的认识。
		组织管理能力	具有较好的管理理念，能组织团队，管理团队，并能使团队按预期设定的目标开展工作。
		专业决策与创业能力	能对本专业发展形势有较好的了解，对专业职业发展方向有较好的把握，并能根据专业职业发展趋势作出较好的专业决策；具有一定的开拓精神，能运用所学专业知识结合公众需求和现代科技、社会发展的形势，开展服务大众、服务社会的工作。
		法律服务能力	能创造性地运用所学法律知识、法律理论和所掌握的法律技能为法治国家、法治政府、法治社会建设服务，为坚持走中国特色社会主义法治道路作出贡献。
职业发展与社会能力		职业规划能力	拥有认识职业、收集信息、选择职业、自我分析、职业决策和设计职业发展，并能对职业生涯进行合理科学规划的能力。
		职业发展能力	能针对职业发展合理制定学习计划，适应职业未来发展需求的能力。
		社会认知能力	运用已有知识经验，能正确地对他人的心理状态、行为动机和意志作出推测和判断的能力。

续表

能力类别	能力名称	能力描述（150字左右）
职业发展与社会能力	社会适应能力	具备在社会更好生存以及与社会达到和谐状态所需的社交能力、处事能力、人际关系能力以及用道德规范约束自己的能力。

三、实践教学计划

1. 素质拓展模块学时与学分统计（表7-2）

表7-2　素质拓展模块学时与学分统计表

教学类别	教学模块	课程代码	课程名称	独立开设	开课时间		实践类型	实践项目数	实践学时	实践学分
					学期	阶段				
综合实践	素质拓展模块	200000901Ⅰ	思政课外实践★	是	1	1	综合性	1	8	0.5
		200000901Ⅱ	思政课外实践★	是	2	1	综合性	1	8	0.5
		200000901Ⅲ	思政课外实践★	是	3	1	综合性	1	8	0.5
		200000901Ⅳ	思政课外实践★	是	4	1	综合性	1	8	0.5
		121200301	军训	是	1	1	综合性	6	2周	2
		121200302	公益劳动★	是	2、4	2	综合性	1	2周	2
		040401307	社会实践★	是	1、2	3	综合性	1	2周	2
		080800308	毕业教育	是	8	1	综合性	1	1周	1
		210000903	大学生心理健康教育	是	1	1	综合性	5	12	1
							创新类	1	4	
		030000035	大学体育	否	1、2	1	综合性	2	52	2
		030000801	兴趣体育	是	3	1	综合性	8	30	1.9
		080000907	专业考研辅导	是	----	2	综合性	1	80	2
		050000908	考研英语	是	----	1	综合性	1	80	2
		030000902	体育俱乐部	是	----	1	综合性	14	52	2
		210000906	大学生创新创业实践	是	----	1	综合性	1	----	2
		----	素质拓展	是	----	3	综合性	1	----	2
合计								47	518	23.9

2. 实验教学模块学时统计（表 7-3）

表 7-3 实验教学模块学时统计表

教学类别	教学模块	课程代码	课程名称	独立开设	开课时间		实验类型	实验项目数	实验学时
					学期	阶段			
课程实验	课程实验教学	基础实验模块							
		050000030	大学英语	否	1、2	1	验证性	16	32
		050000801	进阶英语	否	3	1	验证性	6	12
		050000802	拓展英语	否	4	1	验证性	4	8
		130000050	大学计算机基础	否	1	1	验证性	10	20
							综合性	2	4
		130000051	数据库技术与应用	否	2	1	验证性	8	16
							综合性	1	2
							设计性	3	6
		合计						50	100
		专业实验模块							
		020202201	民法 1（含总则、物权法）	否	2	1	综合性	2	8
		020202217	民法 2（含合同法、债法、侵权责任法）	否	3	1	综合性	2	8
		020202202	刑法总论	否	3	1	综合性	2	8
		020202203	刑法分论	否	4	1	综合性	2	8
		020202205	民事诉讼法	否	4	1	综合性	2	8
		020202206	刑事诉讼法	否	5	1	综合性	2	8
		020202207	行政法与行政诉讼法	否	4	1	综合性	2	8
		020202208	商法	否	3	1	综合性	2	8
		020202209	知识产权法	否	4	1	综合性	1	4
		020202211	国际法（双语教学）	否	5	1	综合性	2	8
		020202212	经济法	否	5	1	综合性	2	8
		020202213	国际私法	否	6	1	综合性	2	8

续表

教学类别	教学模块	课程代码	课程名称	独立开设	开课时间		实验类型	实验项目数	实验学时
					学期	阶段			
课程实验	课程实验教学	专业实验模块							
		020202214	国际经济法	否	6	1	综合性	2	8
		020202215	劳动与社会保障法	否	5	1	综合性	1	4
		020202216	环境与资源保护法	否	5	1	综合性	1	4
		020202218	法律文书写作	否	5	1	综合性	1	4
		020202219	证据法	否	5	1	综合性	1	4
		020202220	财税法	否	6	1	综合性	2	8
		合计						31	124
合计								81	224
开出要求	法学专业学生必须完成								

第三节　法学实践教学的实施

一、实施法学实践教学应具备的基本条件

法学实践教学的实施必须具备一定的教学基本条件，这些条件主要包括实践教学场地（场所）、实践教学指导老师、实践教学经费的支持等。

（一）实践教学场地（场所）

实践教学场地（场所）是法学实践教学实施的最基本的条件，一般来说，法学实践教学都必须在一定的场地（场所）进行，在校内，需要的一定的实践教学场地（场所），如模拟法庭、证据科学实验室、法律实务虚

拟教学实验室（如由中南财经政法大学开发的 LETS 等）、书记员打字训练实验室、法律诊所、法律服务中心等。在校外，每个法学专业都要在法院、检察院、律师事务所、公证处、基层法律服务所等地建立校外实践教育基地。一般根据每个法学院一届学生 120 人左右的规模，每家法院或律所等实习单位安排 4~6 名实习生的规模计算，每个法学专业一般应建立校外法学实践教育基地 20~30 个。

（二）法学实践教学指导老师

法学实践教学指导老师是指导法科学生专业实习的重要力量，一支数量够用、经验丰富、指导能力较强、有浓郁教育情怀的实习指导队伍，是法学专业实践教学得以顺利实施的重要保证。

法学实践教学指导教师也分为校内指导教师和校外指导教师两类。法学实践教学校内指导教师一般由专职和兼职两类教师组成，法学院的实践教学场所一般都会安排 1 名专职实验员或指导老师负责，他们是专职的实践教学指导教师。此外，诸如模拟法庭指导教师、法律实务虚拟教学实验指导教师、法学毕业生毕业论文指导教师等一般由法学院专业教师担任，他们是法学实践教学的校内兼职教师，即既承担法学理论课教学，也承担一定数量的法学实践教学指导任务。法学实践教学校外指导教师一般由实习单位的法官（或检察官、律师、公证员、基层法律服务工作者）担任，他们由各法学院校根据实践教学工作开展需要从实习单位提供的相应人选中遴选产生。例如邵阳学院法学专业根据其每年到法院或律师事务所实习学生人数情况，并结合落实“一对一”指导工作的需要，每三年在邵阳市中级人民法院和邵阳市七县三区二市 12 个基层法院遴选 130 名左右的员额法官作为学生司法实务实习的指导老师，每三年从邵阳市 600 多名律师中遴选 130 余名律师作为学生律师实务实习的指导教师。

邵阳学院法学专业对于实践教学校外指导老师的遴选，学校总体要求是选择“思想好、业务精”的人员担任实践教学导师，法学专业在具体遴选指导老师的过程中主要从政治思想、学历学位、工作经历、职称等方面作了规定。

（三）实践教学经费的支持

一般来说，校外实践教学需要一定的经费支持，因为学生往返于学校和实习基地之间一般都需要一定的车船费，学校带队老师及实习指导老师都需要一定的差旅费，此外，实习中需要一定的教学用具，这也需要从实习经费中支出。另外，实习基地的条件改善也需要一定的经费支持。

二、法学实践教学的实施

法学实践教学活动的实施一般要经过计划、动员组织、实施、检查督促、效果考核、经验交流、总结等阶段。我们以邵阳学院法学专业司法实务实习为例来具体介绍一下法学实践教学任务的实施。

＊邵阳学院法学专业“一对一”司法实务实习实施过程

邵阳学院法学专业在法学教育中充分利用地方法学教育资源，注重培养学生法律职业能力，构建了“一对一”司法实务实习实践教学模式。简单地说，“一对一”司法实务实习实践教学模式就是指在法学专业学生的司法实务实习过程中，一个学生的实习全程由一个指导法官指导，主要围绕“在哪实习、由谁指导、指导什么、如何实施、如何评价”等问题展开，其具体内容由有机相连的八个部分组成：

第一，建立“一对一”司法实务实习实践教学工作领导组织和工作机构。领导小组成员由学校副校长、法学院院长、法院院长（或副院长）和法院政工部门负责人共同组成，它是“一对一”司法实务实习工作正常开展的指挥部，负责“一对一”司法实务实习工作的决策和部署。领导小组下设工作小组，负责“一对一”司法实务实习工作的具体实施，由学校法学院教学副院长协同法院政治部（政工科）组织实施。“一对一”司法实务实习工作领导小组实行例会制，在每年6月和12月各举行工作会议1次。

第二，遴选指导法官。遴选一批素质较高的优秀法官作为实习指导法官是“一对一”司法实务实习的首要工作和基础工作。本项工作由“一对一”司法实务实习工作领导小组和工作小组组织实施。遴选的标准主要坚持三条：（1）思想素质。被遴选的指导法官必须政治素质过硬，热爱法学教育事业，有较强的责任担当意识。（2）学历标准。被遴选的指导法官学历必须为大学本科以上。（3）资历标准。被遴选的指导法官必须入额，具有“员额法官”资格，且应有5年以上从事审判工作的经历，积累有丰富的法律实务经验。按照标准，在法官实行员额制改革后，2017年，我校又在邵阳市法院系统485名员额法官中遴选了130名法官作为“一对一”司法实务实习指导法官。

第三，实习前的情况交流工作会议。司法实务实习前1个月，由邵阳市中级人民法院政治部牵头，组织召开“一对一”司法实务实习工作领导小组会议，学校法学院在会上就当年实习时间安排、实习人数、实习要求等情况向法院方报告，并征求各实习点（法院）政工科主任意见，在此基础上初步确定每个实习点拟安排的实习人数。

第四，实习计划、实习教学内容和基本要求的拟制。法学院根据培养方案和实习前与各实习点沟通的情况，拟制《司法实务实习计划》《“一对一”司法实务实习教学内容和基本要求》，将拟进行司法实务实习的学生安排至各实习点实习。

＊“一对一”司法实务实习教学内容和基本要求

司法实务实习是法学专业本科学生在指导老师的指导下，在法律实务部门（主要是法院）参与或接触司法实践，促进学生理论联系实际，巩固法学知识、熟悉司法实践的重要教学环节。通过司法实务实习，力求提高学生运用法学基本理论和知识、独立分析和解决实际法律问题的能力，提高学生的综合素质。

一、教学目标

1. 指导教师（法官）要遵循法学实践教学规律，围绕法院司法工作中涉及的诉讼、调解、法律咨询、法律文书制作等具体实务，帮助学生打通实体法与程序法、总则与分则、基本法与特别法、域内法与域外法、专业知识与非专业知识之间的界限，培养学生运用法律知识、法律技术处理法律实务的能力。

2. 通过实习，深化学生对法律知识的理解和对知识体系的把握，了解、感受、掌握法律实际应用的一般规律和方法，把法律知识转化为法律实务能力。

3. 通过司法实务实习，帮助学生牢固树立起社会主义法治理念，形成良好的法律思维和法律职业道德。

二、教学内容与要求

一级	二级	三级	权重
职业道德	对法院、法官的认识；工作态度；法律职业道德；社会主义法治理念方面要求	1. 对法院和法院工作有正确而全面的认识；对法官的工作性质、工作特点有正确而全面的认识； 2. 工作态度：出勤、工作责任、吃苦耐劳、合作精神、服从指导法官安排等； 3. 法律人职业道德； 4. “三个至上”“四个忠于”的理解、掌握和落实。	20%
法律实务	书记员工作	能在指导法官指导下熟练地做好案卷整理工作； 能在指导法官指导下独立承担庭审笔录工作； 能在指导法官指导下独立承担文书送达工作。	10%
	庭前准备	阅卷审查： ① 明确基本法律关系；②审查当事人主体资格；③审查案件的管辖范围和庭审范围；④审查起诉书、答辩状内容；⑤审查证明事实的证据；⑥其他重要事项的审查。 开庭前工作安排： ①常规的庭前工作安排；②开庭前程序保障工作安排；③开庭前追加必要当事人；④庭前及时诉讼保全和先予执行 。 庭前证据交换： ①庭前证据交换的主要方式；②庭前证据交换的流程；③主持证据交换的技巧。	10%

续表

一级	二级	三级	权重
法律实务	庭审技能与实务	法庭调查： ①法庭调查各阶段重点注意问题；②法庭调查阶段询问的技巧；③指导当事人陈述事实的方法。 法庭质证： ①庭审质证的主要方式；②引导和指挥庭审质证的方式和技巧；③询问证人、鉴定人的程序与技巧。 法庭辩论： ①辩论规则的确立；②辩论焦点的引导；③辩论控制。 宣判： ①最佳判决方案的确定；②宣判恰当时机的选择；③宣判后可能出现的不良反应及应对措施；④做好服判息讼的工作方法和技巧。	10%
	裁判技能与实务	对法律事实的认定： ①法律事实认定的原则与方法；②影响认定事实的主要因素。 对证据的裁判： ①举证责任的归属判断；②司法鉴定的判断和运用；③识别伪事实的方法与技巧。 裁判文书写作： ①裁判文书的结构和技巧要求；②裁判文书的语言规范；③裁判文书论证技能；④避免裁判文书错误的方法。	10%
	诉讼调解技能与实务	诉讼调解的常用方式； 诉讼调解的常用方法与技巧。	10%

续表

一级	二级	三级	权重
法律实务	在审判程序中人民法院与检察院、公安机关、律师、当事人的法律关系	人民法院与检察院的法律关系处理； 人民法院与公安机关的法律关系处理； 人民法院与律师的法律关系处理； 人民法院与当事人的法律关系处理。	5%
实习总结	实习报告与总结	实习日志 实习报告 实习总结 实习鉴定	25%
合计			100%

第五，实习教学工作的部署落实。实习前 1 周，由邵阳市中级人民法院政治部和学校法学院共同组织召开各实习点政治部（政工科）主任会议，部署实习工作。法学院主要就实习内容、要求、方式等教学业务进行布置，邵阳市中级人民法院政治部主要就实习生活安排、安全、纪律等工作提出要求，各实习点接受实习安排任务。

第六，学生进入法院实习。由学校法学院指派实习带队老师在规定时间分批将实习生带至各实习点实习。实习带队老师由学校法学专业教师担任，主要负责学生实习过程中学校与各实习点间的工作联络、学生与学院间的日常联络，并解决学生在实习过程中碰到的理论性问题和其他一般性问题。每个带队老师负责的实习点一般不超过 3 个。学生进入实习点后，由法院政治部（政工科）按“一对一”实习教学要求安排至各庭室实习，一个实习学生安排有一个指导法官指导实习，时间为 8 周左右（2017 年新培养方案增至 12 周），各实习点在学生实习期间，按“一对一”司法实务实习工作领导小组的意见免费解决实习学生的食宿问题。

第七，实习工作的检查与督促。实习期间，学校法学院和邵阳市中级人民法院政治部联合对“一对一”司法实务实习情况进行督促与检查。学校法学院主要检查实习学生在各实习点的学习态度、学习收获和主要存在的问题，并了解指导法官在指导实习过程中落实学院制定的《“一对一”司法实务实习教学内容和基本要求》的情况。邵阳市中级人民法院政治部主要督查各基层人民法院是否按“一对一”要求给每位实习生安排了指导法官，是否妥当解决了实习学生的食宿问题，并了解各指导法官的指导工作情况。为扎实推进“一对一”司法实务实习工作的开展，每年邵阳市中级人民法院都将本项检查纳入各实习点年度目标考核内容中，并将检查结果作为各实习点评选当年优秀指导法官的重要依据之一。

第八，实习效果的评价和总结。实习工作结束后，各实习点政治部（政工科）组织指导法官会同学校法学院带队老师对学生实习表现情况、指导法官指导情况进行总结、评比，按20%的比例评出优秀指导法官和优秀实习生，由学校和邵阳市中级人民法院共同行文表彰并颁发荣誉证书。优秀指导法官的评选，由各实习点指导法官个人申请，经实习点政治部（政工科）、邵阳市中级人民法院政治部两级审核确定；优秀实习生的评选，由实习生本人申请，实习点政治部（政工科）和学校法学院审核后确定。实习总结和表彰大会在实习结束后2周内举行。

以上八项内容，环环相扣，逐渐推进，既是“一对一”司法实务实习教学模式的工作机理，也是其具体内容。

第四节 课程思政融入法学实践教学的途径

课程思政是指在教学与教研中贯穿马克思主义基本知识和原理，深挖和利用课程中所包含的思想政治理论素材与资源，综合建设思想政治理论类课程，形成思想政治教育体系“三位一体”的有机结合，促进在教学中应用马克思主义基本原理、方法和观点，使各类课程与思想政治理论课同向同行，形成协同效应。[3]

2021年3月6日，习近平总书记在看望参加全国政协十三届四次会议的医药卫生界、教育界委员时指出：“‘大思政课’我们要善用之，一定要跟现实结合起来。”“思政课不仅应该在课堂上讲，也应该在社会生活中来讲。”[4] 贯彻习近平总书记的重要讲话精神，高等法学教育培养高素质法治人才及后备力量既要在法学理论教学中讲好思政课，也要在法学实践教学中落实好课程思政教学。

一、法学专业实践教学善用课程思政是培养高素质法治人才及后备力量的有力保障

课程思政是我国高等学校思想政治教育的重大创新改革成果之一，它最先发端于上海，在上海各高校逐步开展，在取得了比较显著的成果的情况下在全国全面铺开。课程思政的实施，改变了自20世纪80年代以来，我国高校思想政治教育工作主要由思政课教师独立承担并支撑的局面，它让所有教师，特别是专业课教师都广泛参与到学校思想政治工作中，形成强大的思想政治教育合力，是高校全面贯彻“三全育人”的有力举措，有力支持了高校学生思想政治工作的开展和育人成效的提升。

（一）法学专业实践教学善用课程思政是高等法学教育落实“为党育人、为国育才”使命的重要举措

高校是法治人才培养的第一阵地，高等法学教育在法治人才培养中发挥着基础性、先导性作用。法治人才是指具有丰富法治知识、娴熟法治技能，符合特定的法律道德标准，从事立法、执法、司法、法律服务等工作的专门人才。[5] 法治工作是政治性、专业性、技术性都比较强的工作。从法治人才的政治性来看，法治人才中的立法、执法、司法人才手中都掌握着很大的国家权力，是国家机器的重要组成部分，他们思想政治素质的好坏直接影响着国家的治理和秩序，甚至关乎国家的安危；法治人才中的法律服务人才，如律师、公证员、仲裁员、调解员等，他们是社会公平正义的倡导者和实践者，他们的思想政治素质的好坏也关乎社会的稳定和秩

序，关乎国家的发展和命运。

因此，高等法学教育承担为党育人、为国育才的重要使命，就要坚持服务和服从党和国家工作的大局，适应推进全面依法治国、建设中国特色社会主义法治国家的需要培养高素质法治人才，要按照习近平总书记对法治工作队伍建设提出的“四个忠于”的要求，为党的事业赓续发展培养接班人，为中国特色社会主义法治国家建设培养合格的建设者。法学专业实践教学善用课程思政，可以通过在法学专业实践课教学中有机植入思政教育元素，让学生在法律实践中巧妙地接受思想政治教育，使党的创新理论能被及时传达至每一位法科学生，并在实践课程教学中培育法治精神、法律思维和职业伦理，增强政治意识，提振法治精神，树立法治伦理。

（二）法学专业实践教学善用课程思政是高等法学教育落实立德树人根本任务，培养德法兼修、明法笃行法治人才的必然要求

2017 年 5 月 3 日，习近平总书记在中国政法大学考察时，对高等法学教育法科学生提出了明确要求：“希望法学专业广大学生德法兼修、明法笃行，打牢法学知识功底，加强道德养成，培养法治精神，而且一辈子都坚守，努力用一生来追求自己的理想。”[6] 高等法学教育全面落实立德树人根本任务，培养法治人才，就要以习近平总书记在中国政法大学考察时的讲话精神为指导，在传授好学生法律专业基本知识、基本理论，让学生形成系统的法律专业知识体系、锻炼并掌握好法律职业技能的同时，还要加强法科学生的政治素养、思想道德修养。在法学专业实践教学中善用课程思政，充分利用实践基地优秀的法治文化陶冶学生，用实践基地优秀法治榜样人物的事迹来示范学生，用实践基地优秀的治理成果来激励学生……在培养学生法律职业能力的同时加强学生思想政治、职业伦理的锤炼，使法科学生们成为有大爱大德大情怀的人、有法治本领的人。

（三）法学专业实践教学善用课程思政是高等法学教育解决法学教育根本问题的内在要求

教育的根本问题是人才培养问题，即“为谁培养人、培养什么人、怎样培养人”的问题。法学教育的根本问题聚焦于法治人才的培养，即“为

谁培养法治人才、培养什么样的法治人才、怎样培养法治人才”。高等法学教育培养的法治人才不仅要具有扎实的法学专业知识、娴熟的法律职业技能，还要有“热爱祖国，热爱社会主义，拥护中国共产党的领导，掌握中国特色社会主义理论体系，牢固树立正确的世界观、人生观、价值观”的思想政治素质。如何培养思想政治素质高的法治人才，在法学专业实践教学中善用课程思政是重要的方法之一。实践教学既是法学专业教学的重要组成部分之一，是培养学生法律职业技能的重要载体，同时也是对学生进行思想政治教育、职业伦理教育的重要渠道。在法学专业实践教学中善用课程思政以培养法科学生合格的思想政治素质，也是高等教育管理的基本要求。

二、法学专业实践教学课程思政元素的挖掘

充分挖掘法学专业实践教学中蕴含的课程思政元素，是法学专业实践教学善用课程思政的前提和基础。法学实践教学课程较多，主要有庭审观摩、法治宣传、模拟法庭、法律诊所、专业实习、毕业实习、法治调研等。其实施的场所也比较广泛，有法院、检察院、律所等传统的实习基地，当然也有人大、政府等立法、执法机关，还有公证处、仲裁机构、基层法律服务所等法律服务机构等。实践教学课程的繁多、实践教学场地的复杂等都给法学专业实践教学中课程思政的实施带来了一些困难，但也为挖掘实践教学中的课程思政元素提供了更广阔的空间。

充分挖掘法学专业实践教学中的课程思政元素，要以法学类专业人才培养的规格要求为遵循，挖掘内含“忠于党、忠于国家、忠于人民、忠于法律”的政治教育元素，体现“社会主义核心价值观”的价值观元素，表现为“忠诚担当、维护社会公平正义、清正廉洁”的职业伦理元素，表现为“善于发现问题、善于定分止争”的创新思维元素等。

（一）政治教育元素

把坚持中国共产党的领导，坚持习近平法治思想的指导地位有机融入法学实践教学中，在实习实践中深刻理解坚持党对全面依法治国的领导的

深刻内涵和具体落实；掌握法治国家建设的现状，增强建成法治国家的信心；了解法治为民的意义和具体落实情况，坚持以人民为中心、人民利益至上的法治情怀；在实践教学活动中了解法律人严格依法立法、依法执法、依法司法、依法从事法律服务的情况，牢固树立法律思维、法治思维，努力培养法科学生成为听党话、跟党走的优秀法治人才，成为推进全面依法治国、建设社会主义法治国家的合格建设者和可靠接班人。

（二）价值观元素

把社会主义核心价值观融入法学专业实践教学过程中，帮助学生树立正确的世界观、人生观、价值观，树立为法治国家、法治政府、法治社会建设奉献法治智慧的责任担当意识。培养法科学生正确的道德观、浓郁的家国情怀，坚定中国特色社会主义道路自信、理论自信、制度自信、文化自信。在实践教学活动中深刻理解诚实守信在维护社会秩序、建设和谐社会中的重要作用。

（三）职业伦理元素

在法学专业实践教学中要有意识培养学生的职业代入感，清楚法治人才的岗位性质、工作要求、工作内容、职业伦理，了解忠诚党的法治事业是法律人的最根本的职业伦理，担当维护社会公平正义责任是法律人的基本职业伦理要求，清正廉洁是法律人的基本职业操守，扎根基层、吃苦耐劳是法律人的基本工作态度。

（四）创新思维元素

法学专业实践教学是培养法科学生创新思维的重要途径。法科学生在实践教学中碰到的法律案件或法律事件与大学课堂上老师所讲的内容可能有很大的区别，这些案件或法律事件是一个个真实的、具体的案件，光靠套用书本上死的知识或法条是不能从根本上解决这些问题的。因此，在法学专业的实践教学活动中，指导老师（法律实务部门兼职指导老师）要引导学生善于质疑，善于发现问题，善于提出解决问题的新思路、新路径。

三、法学专业实践教学善用课程思政的实践路径

法学专业实践教学善用课程思政，要坚持把已挖掘的课程思政元素有机融入法学专业实践教学的全过程，做到在实践教学实施全过程中实现课程思政有机融入、润物无声，让学生的思想政治素质在实践教学中得到升华。这里以法学专业的专业实习（司法实务实习）为例，对法学专业实践教学有机融入课程思政的路径进行探索。

（一）实习教学动员时课程思政的融入

实习动员是对学生进行的关于实习活动意义、目的、要求和具体安排等内容的教育活动。实习动员会是在实践教学开展前对学生进行的教育活动，此时的学生大多对即将进行的实习教学活动充满期待，心理上会有各种各样的预期，这时指导老师如果能有针对性地利用学生这种心理预期，巧妙地对学生进行思想政治教育，就会产生较好的教育效果。因此，在实习动员会上，指导老师要结合学生的心理预期比较具体地介绍实习的意义，要从理论知识的巩固，实务能力的提高，法学理论与实践的有机结合，法律思维、法治思维、创新思维的训练，法律职业伦理的培育等各方面进行介绍。实习教育不仅要向实习学生讲明实习目的和要求，更要学生明确实习的意义，要有针对性地向学生讲清实习对学生思想品德的提升、职业精神的锻造、法治精神的培育等意义，要告诉学生在实践教学活动中可能碰到的问题、应如何应对处理，并如何在应对处理中提升自己的能力。

（二）实习进场时的课程思政融入

学生进入实习基地进行司法实务实习时，一般基地（法院等）负责人会组织一次实习生与指导法官的见面会，有些法院还会组织实习生参观该法院的法治文化建设成果展。在与指导法官的见面会上，将法治思维、法治自信等课程思政元素有机融入其中，基地负责人要就法院工作、法官的工作要求向实习学生进行明确的说明，让学生感受到法院作为国家审判机

关的权威性、法官工作的严肃性、工作内容的神圣性。通过对各法院文化的参观了解，要让学生了解各法院的发展历史和发展成就，进而全面了解党的十八大以来，在以习近平同志为核心的党中央坚强领导下，我国司法工作发展的伟大成就，了解各法院在推进全面依法治国、建设社会主义法治国家进程中作出的伟大贡献，充满对建设中国特色社会主义法治国家的高度自信。

（三）实习过程中课程思政的融入

一般来说，法科学生进入法院等实习基地的实习时间都在 2~3 个月，实习的内容包括了书记员助理、法官助理等实习工作内容。在书记员助理实习岗位上，实习生们主要承担案卷整理、庭审笔录、文书送达等工作。这一阶段实习工作中要将书记员工作的严谨性、吃苦耐劳的工作精神等课程思政元素有机融入其中。实习学生承担法官助理实习工作，主要在指导法官指导下锻炼阅卷审查能力、了解开庭前准备工作内容、了解庭前证据交换的主要方式和流程等；学习法庭调查、法庭质证、法庭辩论技能；学习法律事实认定的技能、证据裁判的技能，培养裁判文书的写作能力等。这一阶段的实习工作中要将法官在审判中维护社会公平正义、坚持司法为民、坚持清正廉洁、坚持法律至上（忠于法律）等课程思政元素有机融入其中，在润物无声中对实习学生的思想政治、职业伦理、法律思维、创新思维进行全面的锻炼。

（四）在实习基地参与各种活动中融入课程思政

实习学生在各基地（法院）进行实习的过程中，在实习之余还会参加法院组织的一些活动，例如法治宣传活动、全国宪法日活动，有些单位在周末还会组织一些郊游活动，或者邀请实习学生党员参加法院的党日活动等。在各种活动中，实习单位要把爱党、爱国、爱家乡、爱人民等课程思政元素有机融入各种活动中，让学生在参加各种活动中油然而生对中国共产党、对伟大祖国、对美丽家乡、对勤劳勇敢的人民的热爱之情，锻造学生忠于党、忠于祖国、忠于人民的素质品格。

（五）实习考核评价内含课程思政元素，促实践教育效果提升

实习考核是实习工作的重要组成部分，它既要对实习工作进行督促，也要对实习教学效果进行了解和评价。实习考核往往会成为实习工作开展的指挥棒，引导实习工作的开展。在实践教学中善用课程思政，要充分利用实习考核这个环节，把课程思政实施情况、实施效果作为实践教学考核评价的重要内容之一。

第一，实习检查时要求指导老师、实习学生作思想政治教育专题汇报。在法学专业实践教学实施过程中，一般法学院会在实习教学开展的中期组织实习教学检查，检查的内容包括实习教学开展情况，了解学生实习中遇到的困难和问题、主要收获等。为保证课程思政在实习教学中的有效融入、取得实效，检查中要求指导老师（法官）对其在指导学生实习过程中是如何融入课程思政元素、融入了哪些课程思政元素等情况作出汇报，同时要求实习学生对其在实习过程中受到了哪些思想政治教育、职业伦理教育、法治教育等情况进行汇报。检查小组要对实习过程课程思政实施情况进行评价，指导下一步工作改进的方向。

第二，实习总结会要求各实习点对实习生思想政治教育总体情况进行汇报。实习结束后，学院要召开实习总结大会，各实习点要推选代表对各组实习情况进行总结汇报。学院要对实习学生总结汇报内容作出要求，要求必须要有在实习期间接受思想政治教育的内容，包括如何接受思想政治教育、取得的主要教育效果等内容。

第三，实习考核评价要将思想政治教育实施情况及实效作为考核评价的重要内容。学生实习结束后，指导老师（法官）、实习单位（法院）、教学单位（法学院）要分别对学生实习进行评价打分。为保证实践教学课程思政的认真贯彻和取得实效，要求无论是实习指导老师的评价、实习单位的评价，还是教学单位的评价都要将课程思政实施情况及效果作为重要评价内容之一，权重各定在30%左右。

总之，实践课程是法学专业课程体系的重要组成部分之一，对法治人才培养有着非常重要的作用。传统法学教育对实践教学重视不够、落实不

力，影响了法治人才培养的质量。新时代培养具有“四个忠于”素质，高尚职业伦理，较强法律思维、法治思维和创新思维的高素质法治人才，要高度重视实践教学在人才培养中的作用，在开展法学专业实践教学过程中要充分挖掘课程思政元素，并将课程思政元素有机融入实践教学实施全过程，并通过考核评价这根杠杆的作用，保证实践教学课程思政的落实落地，实现在实践教学中巩固专业知识、锻炼职业技能与提升思想政治素质的有机统一，全面提高人才培养质量，实现“为党育人、为国育才”的教育使命。

参考文献

[1] 周汉华．法律教育的双重性与中国法律教育改革［J］．比较法研究，2000 年第 4 期．

[2] 汪世荣．有效的法学实践教育［M］．北京：法律出版社，2012 年版．

[3] 高燕．课程思政建设的关键问题与解决路径［J］．中国高等教育，2017 年第 Z3 期．

[4] 齐鹏飞．善用“大思政课”［N］．人民日报，2021-03-19（09）．

[5] 刘风景．法治人才的定位与培养［J］．南开学报（哲学社会科学版），2017 年第 5 期．

[6] 习近平．论坚持全面依法治国［M］．北京：中央文献出版社，2020 年版，第 180 页．

第八章

法学实验教学与创新型应用法治人才的能力培养

实验，是指学生根据学习计划通过实际的科学研究和技术操作发现、验证、描述特定领域的普适性知识，体验事物发生、运行规律，形成直接经验、产出相关知识成果的过程。实验教学是探求科学真相、追求科学真理的重要教学手段。法学作为一门社会科学，它同医学一样，都是人类最古老的学科之一，同时，法律实施过程中也需要探求事实真相、追求真理，也需要实验教学。法学实验教学对于培养法科学生职业能力、培养学生创新能力具有十分重要的意义。

高等学校法学实验教学的兴起和发展是跨入 21 世纪以来我国高等法学教育教学改革的重要成果之一。2005 年，教育部启动了国家级实验教学示范中心建设，法学等文科类专业也纳入了建设范畴，以此为契机，我国高等法学教育实验教学迅速发展起来，一批法学国家级、省级实验教学示范中心建立起来，为创新型应用法治人才培养作出了重要贡献。但法学实验教学对于法学教育来说毕竟是一件新事物，在传统法学教育观念的影响下，法学实验教学艰难地发展。一些教师对法学实验教学仍持观望态度，不愿承担法学实验教学任务；法学实验教学课程体系还没能科学地构建起来；法学实验教学条件仍相当简陋等。法学实验教学面临的一系列问题制约了法学实验教学的发展，法学实验教学对创新型应用法治人才及后备力量培养的应有效能没能充分发挥。因此，适应新时代、新形势下我国高等法学教育改革发展的新趋势，我们要解放思想，努力创造条件，大力促进法学实验教学的发展，发挥出法学实验教学在创新型应用法治人才培养中的应有作用。

第一节 法学实验教学的内涵及其发展现状

一、法学实验教学的内涵

目前，法学实验教学并没有形成一个统一的定义，《法学类专业教学质量国家标准（2021 年版）》（以下简称为《标准》）明确了法学类专业“设置专业实验室”“独立设置实验课程”的要求，把“实验”与“实训和专业实习”一道归口到实践教学课程之中，明确法学类“各专业应根据专业教学的实际需要，利用模拟法庭、法律诊所、专业实验室、实训基地和校外实习基地，独立设置实验、实训课程，组织专业实习，开展创新创业教育”。要求实验、实训和专业实习课程都要制定教学大纲，明确教学目的与基本要求，并要求“各高校应为法学类专业教学提供数量足够和功能齐全的教学设施，包括模拟法庭、法律诊所、专业实验室等”。但《标准》对法学实验教学的内涵并未明确，而且对建立法学实验教学课程体系也未提出明确要求。

一般认为，法学实验教学的含义有狭义和广义之分。狭义的法学实验教学专指法庭科学类实验，如一般法学院校开设的“法律证据科学实验”，它包含了文书、痕迹检验、声像检验等实验项目。

广义的法学实验教学是一个内涵较广的概念，几乎包含了与法学教育相关的所有实验、实训、实践活动。诸如模拟法庭，法律证据科学实验，传统的理论课堂嵌入式课内实验，含立法、执法、诉讼、非诉、法律时效评价等法治业务过程全程模拟实验，实体法与程序法结合运用实验，法律专业思维训练，法律诊所、案例研习、实训、实习、实践、庭审观摩直播、AI技术等法律实务实验，大学生创新创业活动等。随着现代科学技术的不断发展，科技成果与法学教育不断融合发展，法学实验教学的内涵还将不断扩大，因此，法学实验教学也是一个发展的概念。

二、目前我国法学实验教学的现状及困境

（一）法学实验教学越来越受到法学教育界的重视并逐步发展起来

在《标准》颁布之前，我国法学本科人才培养目标中并没有明确规定法学实验教学的内容，但其中却蕴涵着实验教学的内涵。例如，大多数法学院校的法学专业人才培养方案都规定，要通过加强法学教育与行业（特别是法律实务部门）的合作，以实际职场为背景，以职业技术为主线，着力提高法科学生的职业意识、职业素质和职业实践能力，培养造就一大批创新能力强、适应行业发展需要的高素质应用型人才，走一条“高校+法律实务部门”协同育人的人才培养道路。此外，在高校法学专业的人才培养方案中，课程体系的构建、具体课程的设置等方面，都对法学实验教学有一定的保障。例如各学校法学专业在模拟法庭课程的安排上有保证，在实施上、考核上都严格按教学大纲执行，法学专业法律诊所课程的开设越来越受到学生的欢迎。以中南财经政法大学为代表的一些实力相对强大的法科大学，创新地开发法学实验教学软件系统，并逐步推广，取得了良好的教学实效，得到了一大批高校法学院系的认可。

教育部推动文科类国家级实验教学示范中心建设，进一步推动了法学实验教学的蓬勃发展，法学实验教学正日益得到各高校法学院系的高度重视，许多高校法学实验教学条件得到极大改善，一批法学国家级实验教学示范中心建立起来。如在湖南省内就有湘潭大学建立了法学国家级实验教学示范中心。在此推动下，高校法学院系实验教学条件得到极大改善，每个学校法学院系都在根据各自人才培养特色建设一批法学实验室。例如邵

阳学院法学专业基于培养创新型应用法治人才及后备力量需要在2016年引进了中南财经政法大学开发的基于云空间的法学实验教学系统（LETS），并正在筹建法律证据科学实验室（已获学校立项）和法律诊所。衡阳师范学院法学院基于应用型法治人才培养需要建立了法庭速录实验室。这些法学实验室的建设以及法学实验教学的开展，为高校法学专业学生实践能力、创新能力的培养提供了十分宝贵的实验条件，并且一些学校在开展实验教学的同时，形成了各校自己培养法治人才及后备力量的特色。但总体而言，法学实验教学仍面临诸多困难和挑战。

（二）我国高校法学教育法学实验教学面临的困境和挑战

1. 法学教育实验教学硬件条件总体供给不足

许多学校由于办学历史不长，缺乏办学资源积淀，很多学校法学专业教学条件基本从零开始建设，特别是一些中西部地区二本院校，学校财力本身有限，且有限的财力大多投入到了需要投入较多的工科、医学、艺术类专业建设上，对于法学等文科类专业投入相对不足，其中投入法学专业实验教学的经费更是不足。

一些地方院校法学专业实验场地不足，实验条件急需改善。很多地方本科院校法学专业校内实验教学场地大多只有一间模拟法庭，或者是一间模拟法庭另加一间其他实验室，随着学生规模日益扩大，现有条件根本不能满足日益增长的学生对法律职业技能、创新能力培养的需要。

大多数地方本科院校法学专业没有证据科学实验室，制约了本专业学生素质能力的培养。党的十八届四中全会以来，随着我国司法体制改革的不断深入，特别是“让审理者裁判，由裁判者负责”这一新的司法责任制改革理念的提出，让肩负裁判重任的法官们更加注重证据的认定、法律适用的准确。高等法学教育回应实务界司法责任制改革的这一变化，将“证据科学”这一多年作为专业选修课的课程纳入专业核心课程范围内，与此相适应，各高校也高度重视培养学生的“证据科学”研究能力，一些高校相继建立起证据科学实验室。因为证据科学实验室的建设，将通过法医鉴定、会计账簿鉴定、声像鉴定、计算机司法鉴定、文件检验、电子证据鉴定、声纹技术鉴定等环节的实践教学，培养学生在证据运用环节的分析判断能力、实际操作能力和创新能力。但仍有大多数地方本科院校由于办学经费不足，没能建立起证据科学实验室。

还有一些高校法学院原有实验设施由于缺乏更新，现有实验设施已相对落后，已不能满足本专业学生进行实验的需要。如一些高校模拟法庭原来建设时就相对简陋，其设施配备仅有桌椅板凳和多媒体设备，其规格与真实的法庭相差很大。而随着高校与地方法律实务部门合作育人力度的不断加强，很多地方的基层法院都会举行一些“送法进校”的法治宣传教育活动，一些基层法院将一些案件安排在高校法学院进行庭审，一方面可以加强校地双方协同育人的合作，另一方面也为法科学生感知真实庭审提供了方便。但学校模拟法庭场地、设备的不合格却为此事的落实带来了障碍。

同时，随着现代科学技术的发展，特别是AI技术的发展，法学教育与人工智能的结合日益紧密，利用现代AI技术支撑法学教学已成为一种新的发展趋势，但地方本科院校由于经费有限，也只能“望洋兴叹”，甚至连利用现代信息技术与地方基层法院建立庭审直播系统，以满足学生观摩庭审直播的需求都难以做到。

法学实验教学条件的相对缺乏，使得其与高等法学教育规模逐渐扩大以及社会对法律人才素质培养要求不断提高之间的矛盾日益突出。

2. 高校师生轻视法学实验教学的现象普遍

传统法学教育重理论教学、轻实践教学（含实验教学）的观念影响深远。从教师方面来看，大多数高校法学专业教师只注重法学理论教学，对理论教学进行认真备课、课前准备，能认真上好课，课后也能认真布置作业，对学生进行教学考查。但他们一旦面对法学实验教学态度就不同了，很多老师不愿意承担实验教学任务，即便是课内实验也不愿承担。即便是承担了实验教学任务，也没能认真做实验准备，更不能对学生进行精心指导。一些教师在上实验课时很少在上课前对实验材料进行研读，没有对实验教学进行备课，当然对学生在实验教学中可能出现的各种情况都没有处理预案。上实验课时，实验技术方面的事都由专职实验员解决，而许多专业教师进入实验场所既没有参与实验，也没有从专业上对学生实验进行指导，更没有对学生实验情况进行全面把握。实验课后，大多数教师没能认真批改学生的实验报告，对学生实验教学评价也是走过场，认真不认真区别不大，实验做好做坏评价鲜有差别等。

从学生层面来看，一些学生不清楚实验教学对其专业理论学习、专业技能训练的作用，思想上对法学实验教学重视不够，行动上对法学实验教学参与度不高。如在一些学校，法学专业引进了中南财经政法大学法学实验教学系统（LETS），这个实验教学系统设置了多门课程实验，这对巩固课程理论知识，提高学生法律运用能力、法律文书写作能力，训练学生创新思维具有十分重要的作用，但很多学生对此认识不足，一年下来，一些学生 10 多个实验项目做完后，仍对诉讼基本程序搞不清楚，对一些基本的法律文书写作不能掌握等。

3. 法学专业评价、评比中对法学实验教学未设定相应规定

在历来的法学教育的各类评价中，对理论教学、实践教学都形成了比较完整的评价标准体系，而对法学实验教学还没有规定具体的要求和标准，传统法学教育法学专业实验室建设大多限于模拟法庭建设，因此，各高校在申报法学专业时，都会设立模拟法庭，但对其他类法学实验教学设施没有硬性规定，即使是在专业办学水平评价的指标中，也没有对法学实验教学设施设定评价指标。正因为如此，很多高校法学院校内法学实验教学设施除了有一间模拟法庭外，基本就没有什么实验设施了。

在高等学校法学教育中，对实验教学的管理也缺乏好的制度。一些高校对法学实验教学管理与理工科实验教学管理不加区别，采取一刀切管理办法，使得法学实验教学老师叫苦不迭，如教学文件的制作没有符合实验教学的模版，而是采用理工科的模版，有时弄得法学专业老师莫名其妙。学生的情况也差不多，学生实验报告也是理工科的模版，有时牛头不对马嘴，搞得学生也无所适从等等，这些都在一定程度上造成师生对法学实验教学的反感。

第二节　法学实验教学对培养创新型应用法治人才的意义

法学实验教学是全面贯彻落实培养德智体美劳全面发展的社会主义事业需要的创新型应用法治人才及后备力量的需要，是重点培养法科学生创新能力和实践能力，提高学生创造力、理解力、表现力的有效途径，是全面树立以学生为本，坚持“知识传授、能力培养、素养提高”相结合人才培养理念的有力抓手，也是新时代法学教育发展的新要求。

一、法学实验教学是全面贯彻党的教育方针，培养德智体美劳全面发展的创新型应用法治人才及后备力量的需要

《标准》明确规定了法学实验教学在法治人才及后备力量培养中的地位和作用，并要求各高校法学院要建立与人才培养要求相适应的法学实验教学设施。全面贯彻党的教育方针，落实《标准》要求，培养德智体美劳全面发展的创新型应用法治人才及后备力量，要充分发挥法学实验教学在创新型应用法治人才及后备力量培养中的作用。诚然，法学专业有文科中的工科之称，法学专业技能和法律实际应用能力与人文素养、专业理论功底一起构成创新型应用法治人才培养的三大基石。开展法学实验教学，是巩固学生证据法律知识和其他相关法律知识，进一步熟悉三大（民事、刑事、行政）审判程序，锻炼法律思维和训练法律文书写作能力，切实提高法学学生分析法律问题能力、解决法律问题能力的重要途径。

表 8-1 法学实验教学与社会科学和自然科学属性的一致性

属性	法律	科学
主观性与客观性	√	√
简单性与复杂性	√	√
抽象性与可检验性	√	√
稳定性和发展性	√	√
普遍性与特殊性	√	√
定量性与模糊性	√	√
历史性	√	√
社会性	√	√
系统性	√	√
可预见性	√	√
工具性	√	√
关联性	√	√
一致性	√	√
阶级性	√	×
强制性	√	×

（上表引自中南财经政法大学王均平教授讲座资料）

二、法学实验教学是适应法学实践教学新发展的需要

随着经济、政治、科技的不断发展进步，社会复杂程度也在不断增加，犯罪手段也日趋多样化与科技化，与此相适应，以培养解决社会问题、维护社会公平正义的法治人才及后备力量为目标的法学教育也必须进行相应的改革，法学教学方式、教学手段和实践教学体系的改革与创新势在必行。目前，国内外法学教育发展的总体趋势是：学习与创新并重、理论与实践结合、前沿理论教学与实践实务训练相互补充，将传统经验与现代高新技术相结合，重视现代科学技术在法律实务中的实际运用，注重创新精神培养。因此，适应培养创新型应用法治人才及后备力量的需要，各高校法学专业必须顺应时代发展趋势，不断优化整合实践教学内容，合理设置实践课程与实践

教学环节，将法学实践课程中需要实际动手练习的部分开设成独立的法学实验课，逐步建成具有自己专业特色的实验教学体系，并能使各类实验在法学实验教学平台上进行，加强学生实践能力和创新能力的培养。

三、法学实验教学是促进学校教育与社会法务实践良性互动的有效载体

法学作为一门实践性极强的社会科学，它必须研究社会问题，并为解决社会问题提供方案和方法。因此，高校法学教育必须接地气，走出学校象牙塔，走向社会、认识社会、了解社会，并为社会提供尽可能的法律服务。法学实验教学的开展，可有效促进高校法学理论教学与地方法律实务实践的对接，为地方经济发展与社会稳定提供支持。如高校法学专业物证科学实验室的建设，可以接受一定的司法鉴定服务，在专业老师的指导下，开展司法鉴定服务，从而为社会提供科学、客观、公正的司法鉴定服务，并在这一过程中锻炼学生的物证辨别能力 。又如，按法院审判庭规格建设高校法学专业模拟法庭，法院就可以在高校法学院模拟法庭安排一定数量的庭审，实现高校法学教育与地方基层法院“送法下乡”的法治宣传教育有机结合，减轻法科学生庭审观摩的实施难度，提高创新型应用法治人才及后备力量的培养实效。

第三节　法学实验教学体系的构建

一、法学实验教学体系的构建原则

创新型应用法治人才及后备力量的培养需要培养学生的实践能力和创新能力，这对法学实验教学提出了新的要求，如何建立质量有保障的、常态化的、全程化的法学实验教学新体系，有效解决好法学理论教育与法学

实验教育的关系问题已成为当前高等法学教育中非常重要的问题之一。建设法学实验教学体系，要遵循以下三个主要原则。

（一）实用性原则

法学实验教学项目的设置要以培养全面发展的创新型应用法治人才及后备力量为目标，重点培养法科学生的创新能力和实践能力，树立以学生为本，知识传授、能力培养、素质提高协调发展的教育理念和以能力培养为核心的实验教学观念，满足法治人才及后备力量培养中学生对专业实验的需求，提高学生的创造力、理解力和表现力。

（二）先进性原则

法学实验教学体系的构建以及法学实验项目的开发要适应当前和将来法学实验教学改革的形势，紧紧抓住教育信息化 2.0 时代教育与信息化技术深度融合的机遇，利用现代信息技术发展的成果，建立“互联网+基础大平台”的法学实验教学体系架构，通过这个平台，将法学实验教学的管理者、使用者与平台上的法学实验教学内容和素材相关联，构建法学实验教学的网络体系，为法学专业实验教学提供良好的实验条件，确保法学实验项目建设的前瞻性、先进性。

（三）全面性原则

根据创新型应用法治人才及后备力量培养需要，构建好能覆盖本专业全部核心课程的实验教学项目，开发能满足人才对于知识、素质、能力培养需要的实验教学项目。面向经济社会发展需要，在条件允许的情况下，建设能直接满足社会需要的法学实验室，并开发能满足社会需要的法学类实验项目，在满足人才培养的基础上逐步向社会开放，服务地方经济社会建设，实现人才培养与服务经济社会建设同向发展。

二、法学实验教学体系的内容

（一）模拟法庭建设

模拟法庭实验是指在老师指导下，由不同学生扮演法官、检察官、当事人、律师以及其他诉讼参与人等不同诉讼角色，由模拟法官按照严格的法定程序在虚拟的法庭对真实或虚拟的刑事案件、民事案件和行政案件进行模拟审判的一种教学活动。模拟法庭实验对培养与提高学生临场发挥能力和法律诉讼的具体要求环节的认知能力具有重要意义。

模拟法庭实验的主要内容有：（1）模拟法庭的布置与维护；（2）法官服装、检察官服装、警官服装、律师服装的着装与打理；（3）庭前分工与组合；（4）角色的认知实验；（5）枪械佩带、使用与管理；（6）警具、手铐的使用与管理；（7）法具（法槌）的使用与管理；（8）案例的选择与脚本撰写；（9）去法院旁听真实开庭（或利用自动录播系统在模拟法庭内观看法院庭审现场直播）；（10）庭前会议；（11）庭前和解实验；（12）民事起诉实验；（13）民事答辩实验；（14）刑事公诉实验；（15）刑事辩护实验；（16）证据出示与质证实验；（17）行政起诉实验；（18）行政答辩实验；（19）民事审判实验；（20）刑事审判实验；（21）行政审判实验；（22）庭后和解实验；（23）会见被告人实验；（24）会见被害人实验；（25）会见证人实验；（26）法庭调查实验；（27）法庭辩论实验；（28）宣判实验；（29）开庭、休庭与闭庭实验；（30）撰写模拟法庭实验报告等。

实验原理及方法：以理论和实践相结合的方法让学生参与模拟审判，以锻炼学生司法实务能力和法律职业能力。

实验仪器与设备：模拟法庭场地，电脑、法官服装、检察官服装、警官服装、律师服装，警具、手铐、法槌等。

（二）法律诊所建设

法律诊所是以小组讨论、模拟或真实案件演练等教学方法为学生传授法律职业技能、责任和道德观念，锻炼学生思辨能力的一种教学实践活动。学生除参与课堂学习外，也在诊所教师指导下，依法从事免费法律咨询等公益性法律服务工作，并以实现课程教学目的为标准，选取并接办公益性案件，免费为当事人提供非诉和诉讼代理服务。学生在教师指导下承办真实案件以提高对法律的理解能力和职业能力，是项目最大的特点。

实验原理与方法：以小组讨论、模拟或真实案件演练等教学方法为学生传授法律职业技能、责任和道德观念，锻炼学生思辨能力。

实验仪器和设备：场地、模拟或真实的案例、图书资料等。

（三）文件检验实验

实验目的和内容：实验内容包括对可疑文件中朱墨时序的无损检验方法探究、对可疑文件形成时间的无损检验方法、笔迹形成机理及科学检验原理实验、文件检验标准研究等。其目的是让学生掌握文件检验的基本原理、标准和方法，提高对文件证据的识别、鉴别水平，从而提高法庭质证能力。

实验原理与方法：利用一定高科技仪器和专业知识对文件等证据进行认定。

实验仪器和设备：一体式显微镜、三维立体显微镜、三维显微系统、双目体式显微镜、文件检验仪、文件物证图像鉴定系统、马蹄镜、静电压痕仪。

（四）声纹技术实验

实验目的和内容：实验内容主要有背景降噪和语音重叠鉴别技术研究、声纹识别研究等。目的是让学生了解声纹检验的基本原理，掌握对语音和指纹等有关证据进行鉴定、识别的基本方法，以加强对证据的认定。

实验原理与方法：利用一定高科技仪器和专业知识对有关声音和指纹等证据进行认定。

实验仪器和设备：一体式显微镜、比对显微镜、连续变倍体视显微镜、茚三酮熏显柜、502 手印熏显柜、全自动真空指纹熏显罐、痕迹综合勘查箱、脱影翻拍仪、台式十三波段光源等。

（五）电子证据实验

实验目的和内容：实验内容包括计算机犯罪证据的收集、检验和认定，电子影像的识别、鉴别，网络计算机的取证方法等。其目的是让学生掌握计算机犯罪证据的取证方法和识别、鉴定方法，掌握影像的识别、鉴别方法，从而提高法庭质证能力。

实验原理与方法：利用一定高科技仪器和专业知识对计算机犯罪证据

等进行认定。

实验仪器设备：手机取证箱、电子数据取证勘查箱、电子数据恢复相关软件等。

（六）法学实验教学系统（LETS）建设

“法学实验教学系统”（Legal Experimental Teaching System，缩写“LETS”）是全新的法学实验教学软件平台，它是由中南财经政法大学组织教学团队经过多年开发而成。在LETS平台上，“开发者为所有理论课程嵌入小到知识点相关的微实验（例如刑事诉讼课堂的自首实验），大至各种业务过程的体验、实体法与程序法相结合应用的实验（例如刑事诉讼一审自诉阶段实验、一审公诉阶段实验、二审自诉阶段实验、二审公诉阶段实验、再审阶段实验等），供课堂教师与学生进行选择。”[1] 这一平台的开发旨在培养法律人职业素养和执业能力，根据互动参与式体验教学法的原理，运用法律业务模拟技术，开发了系列法学实验模块，涵盖立法、执法、诉讼与非讼业务四个方面。对于用户、实验项目、实验课堂、实验任务、实验报告与实验成绩等要素具有高度集成化组织特征。管理者、教师和学生可以运用系统方便地开发与组织丰富多彩的法学实验。

第四节　法学实验教学的实施

一、开展法学实验教学活动应具备的基本条件

（一）应有一支法学实验教学能力较强、热心法学实验教学的教师队伍

拥有一支专、兼相结合的法学实验教学队伍是法学实验教学能得以顺利开展的根本保障。法学实验教学人员应具有坚定的政治立场、高尚的政治思想品德和法律职业伦理，具有扎实的法律知识体系和丰富的人文社会

科学知识、较高的实验教学技术水平，有指导法学实验教学的经验和水平，并能对实验室设备的使用、维护与管理提供技术保障。一般来说，一个法学院应有专职实验员 2~3 人、以专业教师和行业专家（如物证科学实验教学中聘请的公安刑侦技术人员等）为主要代表的兼职实验员若干名。

（二）应有一定的经费保障

法学实验教学中一般都会有一定的实验耗材消耗，如模拟法庭、法律诊所等实验的开展都需要一定的耗材，又如物证科学实验的开设有时耗材费用还比较高。因此，一定的实验经费保障对法学实验教学的顺利开展是必要的。但鉴于学校经费的有限性，特别是一些地方本科院校法学院的办学经费更是相对缺乏，因此，对法学实验教学经费必须严格财务纪律，实行专款专用，确保专项经费使用的严肃性和合理性，使经费的使用发挥最大效益。

（三）应有一定的场地和实验条件保障

法学实验教学必须在法学实验室进行，即使是进行虚拟仿真实验，其演示实验也必须在一定的场所进行，因此，开展法学实验教学，必须要在法学实验室进行。一般来说，像中国政法大学、西南政法大学、中南财经政法大学等一类政法大学，法学实验教学的条件相对成熟，实验教学场地比较充分。如中南财经政法大学的法学实验教学中心是国家级实验教学示范中心。其中刑事司法学院实验中心拥有单体建筑实验教学楼，总面积 6177 平方米，共有仪器设备 1244 台套；拥有专业实验人员 4 人，其中高级实验师 3 人，博士学位 1 人；建有物证技术实验室、现场勘查实验室、法医实验室、公安信息技术实验室、治安实验室、边防管理实验室等 6 个实验室；开设有刑事图像、痕迹检验、文件检验、现场勘查、刑事照相、语音声纹、测谎、司法会计、法医、治安管理、边防管理、交通管理、安全防范技术、查缉战术、刑事法学等 20 余项实验项目。[2] 一般地方本科院校在法学实验教学条件上是不能与这些学校相提并论的，一般本科院校法学院系能有 2 个像样的法学实验场地就已经很不错了。

（四）应有完善的制度保障

在法学实验教学的管理上，必须建立严格的实验管理制度体系，以确保法学实验教学严格按规程操作，保障实验教学的安全。目前，各高校在法学实验教学管理方面已经形成了比较完备的管理制度，如《实验室管理办法》《实验室安全制度》《贵重仪器设备使用与管理制度》等。

二、法学实验教学活动的实施过程

法学实验教学的实施一般要经过计划、动员组织、实施、检查督促、效果考核、经验交流、总结等过程。下面我们以 LETS 平台实验教学为例，对法学实验教学过程进行简单介绍。

＊实验项目：共同犯罪的共犯类型认定——余四方等涉嫌盗窃案

一、实验名称和性质

实验名称：余四方等涉嫌盗窃案（或其他）

实验学时：4 学时（或 3 学时、2 学时）

实验性质：综合性（或验证性、创新性）

二、实验目的

1. 掌握案件定性的理论与方法，给本案正确定性；

2. 掌握共同犯罪案件中主犯与从犯的地位、作用相关知识，确定本案主犯、从犯；

3. 学会理清案件事实的基本方法，理清本案案件事实；

4. 掌握证据分类方法，充分利用证据佐证观点主张；

5. 根据角色寻找关键证据，理清时间线，提出诉讼/答辩主张；

6. 掌握法律文书写作方法和要素，根据角色分别撰写相应法律文书。

三、实验内容及步骤

（一）实验准备

学生登陆实验界面，选择实验项目，创建实验任务。

（二）实验过程

1. 实验开始。裁判长宣布实验开始。

2. 确认案件事实。由裁判长组织控方公诉人（或诉方律师）、辩方律师分别对案件事实进行确认，对所有补充的事实进行补充，各方将各自获取信息进行反馈，经过对比检验，得出相对客观、全面的案件事实。

3. 找法：各方以案件事实为基础，查找可以适用于当事人的法律法规。

4. 制作简易起诉意见。由公诉人（或诉方律师）根据案件事实和其调查结果，制作简易起诉书，对被告人进行起诉。

5. 制作简易答辩意见。辩方律师根据公诉方（或诉方律师）起诉意见，制作一份简易答辩意见书。

6. 庭前会议确定法律焦点问题与顺序。在裁判长主持下，控（诉）辩双方（由公诉人和辩方律师或双方律师）提出自己所认为的案件焦点，经合议庭讨论，确定案件焦点，并制作相应关系图。

7. 制作并交换代理词。控（诉）辩双方制作简易代理词，控方公诉人（或诉方律师）、辩方律师各自提交代理词，双方进行代理词交换，以了解对方意见。

8. 庭审签到。裁判长、裁判员及公诉人和辩方律师或双方律师、当事人进行庭审签到，确认出庭。

9. 庭审开始。裁判长宣布×××案的法律问题审理部分开始。

10. 礼仪发言。裁判长、裁判员及公诉人和辩方律师或双方律师进行礼仪发言，裁判长声明将严格依照法律规定进行审理，遵守审判规则，保证案件的公正公平。控方（诉方）、辩方声明在法庭审理过程中严格遵守法庭秩序，自觉履行义务。

11. 介绍案件事实概要，宣布焦点顺序和审理要求。裁判长将案件事实概要告知各方，宣布焦点顺序，并提出审理要求。

12. 提出待议焦点。控（诉）辩双方就本案焦点问题发表各方代理意见。

13. 发表起诉和辩护意见。控（诉）辩双方上传各自代理词。

14. 辩论。由裁判长主持，控（诉）辩双方针对庭前会议确定的法律焦点问题进行辩论。

15. 回答裁判员提问。裁判员就案件事实认定、证据三性问题等分别向控（诉）辩双方进行提问。

16. 律师总结。控（诉）辩双方基于之前的辩论和裁判员提问分别对本方观点进行总结。

17. 合议庭合议。合议庭就庭审情况进行讨论，达成一致意见。

18. 宣布焦点问题审理结果。裁判长宣布焦点问题审理结果。

19. 确定是否有新焦点。经全体参与者讨论，确定无新焦点（或有新焦点）。

20. 法律问题总裁决。裁判长基于犯罪事实，结合相关量刑标准，对被告分别量刑（或作出其他相应裁决）。

21. 庭审结束致谢。裁判长代表法庭对参与庭审的控（诉）辩双方表示感谢。

22. 制作、发布裁决书。裁判长就审判过程、认定事实、焦点问题和总裁决四个方面作出最终裁决书，并发布裁决文书。

23. 庭审后意见调查。收集律师对法庭所作裁决的态度（赞成或者反对、满意或基本满意或不满意……）。

24. 汇总心得体会。由各实验小组组长对本组成员完成实验的心得体会进行汇总。

四、实验成绩评价标准

1. 实验课程成绩计算标准

（1）独立设课的实验课程成绩由平时成绩和期末成绩两部分组成，其比例为 6：4，即：实验课程成绩＝平时成绩（60%）＋期末成绩（40%）；

（2）非独立设置的实验，即课内实验，实验成绩占课程总成绩的比例按照该课程教学大纲确定的比例执行；

（3）实验课程成绩采用百分制计。

2. 实验成绩考核标准

项目	实验准备	实验操作	实验态度	实验结果及报告	总分
分数分布	1~10	1~30	1~10	1~50	100

(1) 实验准备：包括掌握实验所用相关知识点、实验步骤，选择实验项目，创建实验任务等；

(2) 实验操作：包括综合表现以及熟练进行实验各环节操作，遵守操作规程，按实验内容和步骤规范完成实验流程；

(3) 实验态度：包括学生出勤、学习态度、遵守纪律和各项管理制度等；

(4) 实验结果及报告：结果包括实验过程记录、实验成果文件（含起诉书、答辩意见书、代理词、法律问题裁决书），要求事实表达清楚、运用法律正确、说理全面透彻；实验报告要反映出实验目的、内容、步骤、实验结论分析、实验经验总结等内容。

三、法学实验教学中应注意的几个问题

（一）教学目的的明确性

进行法学实验教学必须目的明确。如前所述，我们在进行模拟法庭实验时的总体目的就是在指导老师指导下，由学生扮演法庭审判中的不同角色，如法官、检察官、律师、当事人和其他诉讼参与人等，经过虚拟或真实案件的模拟审理活动，让法科学子们亲身感受庭审中不同角色的作用，明白其应该享受的法律权利、承担的法律义务，清楚庭审程序等，从而锻炼学生的确认法律事实能力、找法识法能力、法律文书写作能力、法庭辩论能力、临场应变能力等。又如，在 LETS 系统的立法实验中，我们进行实验的目的就是要通过立法实验，了解立法的意义，掌握立法的程序，进一步帮助学生树立科学立法、依法立法、依程序立法的立法理念。

（二）教学内容的科学性

实验的目的在于探求真相、探索真理。基于此，在实验教学中我们设

计的实验教学材料必须符合事件发展的逻辑，设计的法学实验程序必须循序渐进，符合立法、执法、司法等基本规范，遵循法律思维发展的规律。例如，我们在 LETS 平台进行司法实验时，其操作程序的设计就遵循了法律思维发展规律和庭审程序的实际情况，按照“实验开始—确认案件事实—找法—制作起诉书与论证结构—制作答辩状与论证结构—确定焦点—准确表达焦点以及关系图—制作代理词—提交并交换代理词—庭审签到……”的逻辑展开。这就体现了教学内容设计的科学性。

（三）教学时间安排的合理性

法学实验教学的时间安排主要从两个层面来看，一是法学实验课程开设的时间，即与某一课程相关设计的法学实验应在什么时候开设。一般来说，法学实验教学的开设是为了进一步巩固与法学实验相关的理论知识，并在此基础上，利用法学理论知识以法学实验课的形式锻炼学生的法律实务能力，进而培养学生的创新能力和法律实践能力，所以，法学实验课程的开设，一般要在与本实验课程相关理论知识学完以后进行。二是指具体实验课实施的时间，是在理论课上完后接着开实验课，还是在某门课程讲完后，学生在掌握了某门课程知识体系后再开设实验课。一般认为，在学生学完某门课程，基本掌握了这门课程知识体系的基础上再有针对性地开设实验课，更能加深学生对课程理论知识的理解，锻炼学生在此基础上创新地运用理论知识解决实际法律问题的能力。

（四）教学组织的有效性

法学实验教学对巩固法学理论知识、锻炼法科学子的法律实践能力和创新能力具有十分重要的意义，因此，对于法学实验教学我们必须高度重视。这里也以 LETS 平台实验教学为例进行分析。指导教师在组织法学实验教学中要在课前对实验材料进行预习，认真备好实验课，要备课程内容、备学生，预计实验过程中学生可能遇到的难点、疑点。实验课中，教师要认真抓好学生上课纪律，并亲自参与到学生的实验中去，与学生一样扮演某个角色，有条不紊推进实验进程。实验做完后，教师要科学布置课后作业，并收齐认真批改，在批改中全面掌握学生学习情况。这样，一堂法学实验课下来，就能比较好地实现教学目标。

（五）教学效果考核的可行性、严肃性

法学实验教学效果如何，需要严格的教学效果考核。教学考核要抓住中心环节，法学实验教学考核的中心环节是对法学实验教学进行过程考核。法学实验教学过程的主要环节有：实验准备环节、实验操作环节、实验结束环节和实验报告撰写提交环节等。对学生在法学实验教学环节的表现进行考核既要看他在实验中留下的实验痕迹，主要是各种实验资料和实验文档，还要看他在实验操作中的态度。法学实验教学考核切忌走过场，对学生的实习材料、实习报告一“查”了之（即在材料上签上一个“查”字完事），这既是对学生的不负责任，也是对自己教学的亵渎。

（六）教学经验交流的及时性

法学实验教学的兴起还是近十多年的事，在传统法学教育思想还根深蒂固的形势下，要让所有法学专业教师、学生都高度重视法学实验教学，还很难做到。因此，除了各法学院校教学管理人员进一步加强法学实验教学管理外，还应宣传法学实验教学中表现优秀的教师和学生，发挥榜样引领作用。下面摘录两段学生进行 LETS 实验后的收获体会。

＊万事开头难，自古至今，这是一条亘古不变的真理。不管是什么事，不付出一定努力与汗水是绝对不会成功的，至于最后成就到底有多大，大概就跟我们的努力程度成正比了。这次法律实验亦是如此，尽管很多内容看上去再简单不过，但实际操作起来却并不那么容易，总显得自己有那么点眼高手低，有太多的不解、疑惑。庆幸的是我们最终成功完成了实验。在实验过程中收获很多，也反省不少：第一，通过实验进一步熟悉民事审判程序，巩固了证据法律知识，更体会到法律所体现的公平与正义、公正司法是维护社会正义的最后一道防线；第二，同学之间的合作与互助也让我看到了团结就是力量，更加深彼此间的友谊；第三，更多的是感到自己的不足，疏于实践，缺少锻炼，逻辑思维、表达能力都极大受

限，这也让我感受到距离成为一个真正法律人还有如斯的差距。路漫漫其修远兮，我不得不更加努力。总之，这次法律实验获益匪浅，只希望有更多机会进行此类实验，在实践中不断成长。

＊＊起初拿到证据材料的时候几乎不知所措，等真正看完才切实体会到证据材料其实很有逻辑关联性，一份完整的证据材料可以让我们将事实推断出来，这对我真的很有帮助。我们小组在这次实验中都很认真，原告方讨论了很久他们起诉状的书写；第一次庭审不是很顺利，大家主动要求重新做，于是我们又重新建立实验任务，原告和被告两方再次修改完善起诉状和答辩状；我们三个审判员也就本案争论了很久，才作出判决，又查找各种资料计算赔偿金额。从最初的一头雾水到心中终于有了明了的判断，感觉真的很神奇。我喜欢学习法学。

（以上两段材料均摘自王均平教授的讲座报告）

第五节　完善法学实验教学的思考

培养创新型应用法治人才及后备力量，法学实验课的作用不可忽视，因为“实验课有利于培养学生的专业技能和动手能力，培养创新型人才”。[3] 但现实的法学教育中对法学实验教学重视不够、法学实验教学设施建设不多、法学实验教学设计不多等现象仍很突出，进一步完善法学实验教学，发挥法学实验教学在创新型应用法治人才及后备力量培养中的作用任重道远。

一、改变传统法学教育重理论、轻实践、忽视实验教学的观念，在新时代法学教育中给法学实验教学一个正确的定位

充分认识法学实验教学对培养创新型应用法治人才及后备力量的意义，根据《标准》要求，明确法学实验教学如同毕业论文等课程一样是法

学实践教学课程体系的重要组成部分，它同法学专业实习课程一样也要制定教学大纲，要确定明确的教学目的和教学要求，要有明确的考核评价和学分要求。在教学中，无论是专业教师，还是法科学子都要像对待理论课教学一样认真对待法学实验教学。对于教师来说，实验课前要认真备课，上课时要严肃认真，课后对学生的考查必须认真仔细。对于学生来说，实验课前要对实验材料进行认真了解，专心研读，把握案件事实；上课时要积极参与，一丝不苟完成各个实验环节的任务；实验完成后，要认真撰写实验报告，并积极进行学习反思，总结学习收获。

二、建立稳定的经费投入机制，积极改造法学实验教学条件

法学实验教学的开展必须要在一定的实验场所中进行，并且每个法学实验室都应有相应的实验硬件、软件来支撑教学。在法学实验教学硬件建设上，各地方本科学校要尽量克服教学经费相对不足的困难，建立相对稳定的法学实验教学经费投入机制，积极创造条件建设好物证科学实验室、法律诊所等法学实验室，引进诸如中南财经政法大学法学实验教学系统（LETS）教学软件，开展实验教学。当然也可根据自身培养法治人才及后备力量特色，建设特色法学实验室。在法学实验室硬件建设上，一定要牢固树立法学与工科一样，都需要实验、需要实验室建设、需要实验室硬件软件建设的思想。认识到法学实验教学在探究法律科学的原理、探究法律运行的规律，并在这些探究实验中锻炼学生的法律思维、实践能力和创新能力的重要作用。

三、改革实验教学管理制度，调动师生从事法学实验教学的积极性

从教学管理、教学组织、教学考核等方面入手，积极探索提高法学实验教学效率的有效路径，改革法学实验教学管理，加强实验教学过程管理；以提高实验教学管理效率为取向，合理分配法学实验教学小组学生数；科学计算教师实验教学工作量，让教师在实验教学的工作付出在课时计算上得到合理反映。制定科学的实验教学考核办法，在注重过程考核的基础上，更加重视学生实验教学成果的考核。

参考文献

［1］方玉珍．教育信息化 2.0 视域下的法学实验教育大平台建设［J］．人民法治，2018 年第 16 期，第 98 页．

［2］材料来自中南财经政法大学刑事司法学院网站，网址 http：//cjs. zuel. edu. cn/syzxjj/list. htm．

［3］姚海娟．基于创新人才培养的心理学本科核心课程实验教学改革，载齐恩平主编，吴春雷副主编．法学教育改革与探索：天商法学教育改革研究［M］．北京：中国政法大学出版社，2015 年版，第 76 页．

第九章

课外实践教学活动与创新型应用法治人才综合能力的培养

高等法学教育肩负着为我国科教兴国战略和推进全面依法治国、建设社会主义法治国家培养高素质法治人才及后备力量的历史重任。高素质法治人才及后备力量培养既需要努力提高高等法学教育课堂教学（也称为第一课堂）质量，也需要有系统化的、高质量的法学课外实践教学活动的支持，只有实现法学教育课堂教学与课外实践教学相向而行，形成育人合力，才能真正培养出高质量的创新型应用法治人才及后备力量。

第一节　高等法学教育课外实践教学活动的含义及意义

一、高等法学教育课外实践教学活动的含义

课外实践教学活动是学校教学活动的重要组成部分之一。现代高等学校教学活动按照其教学活动实施所在场所进行分类，一般可分为第一课堂教学活动和第二课堂教学活动。第一课堂教学活动，是指在校内进行的课

堂教学活动，它是由高校各专业教师根据教学安排在校内特定时空所进行的教学活动。第一课堂教学活动是高校专业教学的重要组成部分，是学生形成专业知识体系的重要途径，是贯彻落实人才培养目标的重要环节。一般在第一课堂教学中，教师进行教学活动必须全面贯彻课程教学大纲的要求，并在规定时限内完成课程教学任务。

第二课堂教学活动即通常我们所说的课外实践教学活动，是相对于课堂教学活动而言的。这里的课外，广义地理解，指相对于课程教学而言的课外。因此广义的课外实践教学活动既可指在校内所进行的非课程教学的各类教学活动，如校内举行的学术讲座活动、读书协会活动、各类文体协会活动、各类竞赛活动、法律服务活动等；也可指在校外进行的社会实践活动，如校外见习、实习、社会调研、“三下乡”活动、志愿者服务活动等。狭义的第二课堂教学活动仅指那些在课程安排表外所进行的活动，它将安排在学生培养方案中的实践教学课程排除在课外实践教学活动之外，如法学专业的校外庭审观摩活动、专业实习、毕业实习以及校内的模拟法庭教学活动、学年论文、毕业论文等。我们对课外实践教学活动持狭义说，指学生在教学计划规定的课程之外由学生自主参加（不强制）、有组织安排的各类活动。课外实践教学活动旨在通过活动丰富学生的课外生活，并在各种活动中提高学生的综合素质。

二、高等法学教育开展课外实践教学活动的意义

（一）可以帮助学生拓宽知识面，丰富人文社会科学素养

一般来说，法科学生们在课堂中的学习往往具有课程的确定性、时空限定性、知识接受被动性等特点，课堂学习为学生专业知识体系的形成打下了坚实的基础，是法治人才及后备力量培养中的非常重要的教学环节。法学专业学生的课外活动安排却不同，丰富多彩的大学生实践活动都安排在课外进行，地点可以在校内，也可以安排在校外；时间短则 1~2 小时（如一场小型的学术讲座，一般 2 小时左右就行），长则可持续 1 个月以上（如大学生暑期“三下乡”活动、社会调研活动等），有的甚至是常年安

排，如法律服务等，只要学生有时间就参与其中，并且学生参加课外实践教学活动完全由自己决定。虽然法科学生课外活动形式多样，但其活动的核心价值取向都是为了丰富学生的课余生活，增长学生社会见识面，其对丰富学生人文社会科学素养也起着重要的促进作用。如校内的学术讲座，通常是专家教授们就自己长期研究的某个问题向大家汇报、交流，他们的讲座常常精彩纷呈、妙语连珠，而其中蕴含的知识也是相当地丰富，听完一个讲座，细细品味，常有“听君一席话，胜读十年书”的感受。法学院的读书活动常常在某个时间段让大家同读一本书，并在约定的时间让大家一起交流读书心得，大家在思想碰撞中增长智慧，在相互交流中增长知识。法学院的社会调研活动，让同学们走出校门，走上社会，深入农村、社区，深入千家万户，在调研过程中通过了解农村、社区，了解工人、农民等社会各群体，增长了见识，提高了能力，真是“行万里路，读万卷书”。

（二）法学专业课外实践教学活动为提高学生能力素质提供了平台

一般来说，法学专业学生毕业后大多会从事法律实务类工作，即“法律人”职业，“法律人”职业的素质要求一般应具有以下几个方面：

一是必须有坚定的政治思想、高尚的道德情操和职业操守、维护社会公平正义的价值取向。习近平总书记在论及法治人才的政治素养时强调，坚定的理想信念是政法队伍的政治灵魂。必须把理想信念教育摆在政法队伍建设的第一位，不断打牢高举旗帜、听党指挥、忠诚使命的思想基础，坚持党的事业至上、人民利益至上、宪法法律至上，铸就“金刚不坏之身”，永葆忠于党、忠于国家、忠于人民、忠于法律的政治本色。[1] 法治人才及后备力量还必须有高尚的品德，具有爱心，有法律人的良知，对善恶美丑有理性的认识。

二是必须有专业素养。法治人才及后备力量必须掌握扎实的法律知识体系，广博的人文社会科学知识、自然科学知识以及娴熟的法律职业技能。其中法律职业技能主要包括从事法律实务需要的案卷阅读能力、对法律事实的认定能力、与当事人良好交流的沟通能力、辩论能力、法律文书写作能力和案例分析能力等。

三是对社会常识的判断能力。懂得社会常理，了解人情世故，知道事物运行发展的一般规律，了解各地的风土人情、传统习惯等。

四是适应社会、适应职业的综合素质。了解与法学相关多学科知识，能成为社会通才，具有统筹协调能力、口头表达能力、领导能力、社会生活能力。

五是就业能力。了解所选择职业，知道该职业所需要的知识能力素质要求，了解自身知识能力素质状况，能自觉在社会中找到自己的位置，等等。

法治人才及后备力量的这些知识能力素质很多在课堂教学中可以获得，如专业知识体系等，但很多能力素质是在课外实践教学活动中获得的。例如在思想锤炼方面，参与大学的青年马克思主义研究协会为提高学生马克思主义理论水平、思想政治素质提供了平台；参加“互联网+”创新创业大赛中的红色寻梦之旅大赛对铸就青年大学生的红色基因、继承革命传统发挥了重要的作用。在知识积累方面，各种学术讲座、读书活动、竞赛活动、志愿服务活动、社会调研活动为法科学生进一步拓宽视野，了解广博的人文社会科学知识、自然科学知识提供了帮助。又如在锻炼学生各项综合能力、适应社会能力方面，通过一系列课外实践教学活动，如大学生“三下乡”活动、假期“送法下乡”活动、暑期法治调研活动、法律服务活动等，让同学们广泛参与到社会生活中去，掌握我国经济社会发展情况，了解我国法治国家建设情况，了解风土人情，了解市场经济发展条件下社会竞争情况，了解社会，增强自身适应社会的能力。同时，通过课外实践教学活动锻炼了法科学生们的沟通能力、表达能力、生活能力，养成了发现问题、分析问题、解决问题的良好思维习惯，打下了创新创业的思维基础。

（三）法学专业课外实践教学活动的开展也是体现法学类专业教育性质的必然要求

《法学类专业教学质量国家标准（2021 年版）》明确了法学类专业教育的性质，指出“法学类专业教育是素质教育和专业教育基础上的职业教育。”它明确了法学类专业教育的职业教育性质，但这种职业教育不是一般的职业教育，首先它具有很强的专业性，其主要表现在从事法律职业，必须要掌握系统的法律知识体系；其次，这种职业对素质要求很高，法律职业从业者不论是从事立法工作、执法工作，还是从事法官、检察官等司法工作，还是从事律师、公证员、企业法律顾问等法律服务工作，都要求其从业者应具有忠于党、忠于国家、忠于人民、忠于法律的思想政治素质，具有良好的沟通能力、口头表达能力、文书写作能力、协调能力、辩论能力、理性的思维能力，具有发现问题、分析问题、解决问题的能力等，这些素质和能力，如果只靠课堂教学的提供是很难得到满足的。法学专业课外实践教学活动形式多样、内容丰富，是一个非常自由、非常自主的空间，一般学生本人可以根据自己兴趣选择参加或不参加，也可以选择参加这个活动或不参加某个活动。学生可以根据自己的兴趣爱好参与某个活动或者某个协会等，在其中担任某个角色，在老师指导下从事某项活动，要么参与社会调研，要么参与学术活动，要么参与读书活动……这些活动都与学习、能力锻炼紧密相关。学生们在参加这些活动时，每个人都会获得不同的东西，每个人都将在其中成为自我发展的主体。通过一系列活动的参与，学生们的综合素质会有很大提高，阅历会极大丰富，与人沟通、交往能力会极大增强，对社会的认识、了解会极大深化，发现问题、分析问题、解决问题能力也会极大增强，理性的法律人思维也在参与活动中不知不觉形成，法律职业人的高素质就在课外实践教学活动中逐渐铸就。

第二节　法科学生课外实践教学活动体系的构建

高校法学专业学生课外实践教学活动形式多样，内容丰富，并且随着经济社会的发展，这种课外实践教学活动会不断创新发展。但法学专业本科学生在校学习年限只有 4 年，4 年的有限学习时间，学习任务重、学习压力大，加之高校法学教育尽管从招生层面看，好像大众化了，但从培养质量要求来看，精英化的法学教育本质没有变。在此情形下，如何构建好法学专业课外实践教学活动体系，让学生根据知识能力素质培养的需要，科学选择课外实践教学活动就非常必要了。

设置高校法学专业课外实践教学活动的标准可以从能力素质培养的需要出发进行安排，例如，为培养学生学术兴趣方面素质能力，可设置学术类课外实践教学活动，以培养学生了解社会、认识社会、深入社会等方面素质能力为目的的可设置社会实践类课外实践教学活动，以培养学生专业综合能力为目的的可设置学科竞赛类课外实践教学活动，锻造学生高尚品德、人文情怀等方面素质的可设置志愿服务类课外实践教学活动。

一、学术锻炼类课外实践教学活动

法学院学生需要有一定的从事学术研究的能力，这种能力能帮助法科学子们牢固树立问题意识，善于从复杂的话题中发现问题，进而分析产生问题的原因，分清主要问题和次要问题、问题的主要方面和次要方面，最后提出解决问题的方案，这种能力恰是创新型应用法治人才及后备力量所需要的基本素质。

（一）法学院的讲座

法学院的讲座是法科学生进行学术锻炼的好载体。一般来说，好的法学院里讲座是比较频繁的，一年中，大概率有一半时间都会有学术讲座，因此在这些学校，学生对听什么讲座、听谁的讲座就要有一个选择了。但一般地方本科院校的学术讲座就较少了，在这些学校法学院的学术讲座成为一种奢侈品，一年下来能安排个 4~5 场也是很不错了。但不管怎样，学术讲座对学生的学术能力的培养还是非常有用的。

一般来说高校的学术讲座通常都会邀请一些在学术上有一定建树，或者在某个方面有比较深入研究的专家，或者是某个实务部门的实务专家，他们讨论的话题要么是当时比较热门的法律话题，要么是大家关注但争议还比较大的问题，或者是一些具有一定挑战性的话题。有些是刚刚发生的某个案件，大家由这个案件引发了一些思考，于是在学术沙龙上大家谈一谈。这些热点案件的讨论和分析都会对法学院学生第一课堂的学习形成呼应和补充，通过这些学术活动，学生们可以对书本知识有进一步的理解和消化，从而把书本知识进一步内化为自己掌握的知识，并能更加自如地加以运用。当然，学术讲座最重要的还是学术观点的碰撞，专家们对某个法律问题的看法充满了思考，是很值得学习和借鉴的。

（二）法学院的读书会

读书会本是一种非常古老的、传统的学习方法，在现代信息技术高度发达的时代，虽然人们不大屑于再阅读纸质图书，但通过读书会的形式把大家聚在一起，极易营造一种学术宽松自由和交流的氛围。读书会上，学生们在老师们的带领下一起去读一本书，学生和学生之间、学生与老师之间一起轻松地交流自己的观点，自由地发表自己的看法，分享自己的读书心得。这不仅是一种心与心的交流，也是众人智慧的共同分享。读书会后的感受，往往令人心旷神怡。

（三）“挑战杯”等学术论文竞赛活动

“挑战杯”学术论文竞赛活动，全称为“挑战杯”全国大学生课外学术科技作品竞赛（以下简称“挑战杯”竞赛），是由共青团中央、中国科协、教育部、全国学联共同主办，国内著名大学、新闻媒体联合发起的一项具有导向性、示范性和群众性的全国竞赛活动。自 1989 年首届竞赛举办以来，“挑战杯”竞赛始终坚持“崇尚科学、追求真知、勤奋学习、锐意创新、迎接挑战”的宗旨，在促进青年创新人才成长、深化高校素质教育、推动经济社会发展等方面发挥了积极作用，在广大高校乃至社会上产生了广泛而良好的影响，被誉为当代大学生科技创新的“奥林匹克”盛会。

“挑战杯”竞赛已经形成了国家、省、高校三级赛制，这一赛制的广泛推广对培养高校学生学术能力作出了巨大贡献。

二、社会活动类课外实践教学活动

以培养创新型应用法治人才及后备力量社会实践能力为主要目标的社会活动类课外实践教学活动，培养学生走上社会、认识社会、了解社会，在社会实践中积累经验的能力，促进学生认识中国国情、了解中国法治建设现状、了解中国社会发展状况，铸就献身祖国法治建设的奉献精神和家国情怀。

（一）社会调研活动

社会调研活动是指围绕某个调研主题，深入社会进行调查、研究，并撰写调研报告的活动。当代法科学生参加社会调研课外实践教学活动既可以选择以大学生创新创业训练计划为载体开展法治实践调研活动，也可以根据法学专业学习需要在老师指导下自己选择调研主题进行调研活动。比如，《中华人民共和国民法典》（以下简称《民法典》）于 2021 年 1 月实施后，如果我们要对《民法典》实施以来的情况作一了解，我们就可以选择某个地方作为调研地，进行调研，然后掌握情况，撰写调研报告，提出相关建议。

在法科学生参加的社会调研活动中，参与大学生创新创业训练计划调研工作值得选择。大学生创新创业训练计划是一项旨在大力实施“科教兴国”战略，努力培养广大青年的创新、创业意识，造就一代符合未来挑战要求的高素质人才的提升计划。作为学生科技活动的新载体，创新创业训练计划竞赛在培养复合型、创新型人才，促进高校产学研结合等方面发挥了越来越积极的作用。法科学生以开展法治调研为内容的创新创业活动，可以帮助学生了解我国法治实施状况、掌握我国法治实施取得的成绩、发现其中存在的问题、分析问题产生的原因、提出解决问题的建议。

（二）参观实习类课外实践教学活动

法科学生除了要在课堂上认真学习法律专业知识，形成法律知识体系外，还要走出校门，走进律所，走进企业，走进法院、检察院，走进人大、监察机关等部门，通过参观、访谈，参加法院的庭审活动，参加政府部门的听证活动，参加监察机关的警示教育等活动，近距离了解、感受法律人真实的工作场景，了解其职业环境，形成对法律职业场所、法律职业工作内容、法律职业伦理等方面直观清晰的认识。

（三）“送法下乡”类普法活动

“送法下乡”类普法活动有大学生暑期“三下乡”活动、高校法学专业学生假期（寒假、暑假均可）“送法下乡”普法活动等。

大学生暑期“三下乡”活动是20世纪90年代，由团中央等面向全国大学生发起的暑期社会实践活动，随后逐步在各高校展开，时至今日已成为各大高校锻炼学生社会实践能力的一种重要的常规性活动，也是考核学生综合素质的重要指标。

2004年，《中共中央、国务院关于进一步加强和改进大学生思想政治教育的意见》（中发〔2004〕16号）发布后，2005年，中宣部、中央文明办、教育部、共青团中央制定了《关于进一步加强和改进大学生社会实践的意见》（中青联发〔2005〕3号），文件第12条提出：“文化、科技、卫生‘三下乡’和科教、文体、法律、卫生‘四进社区’活动，是新形势下大学生参加社会实践的有效载体。要广泛发动大学生利用寒暑假等时间开展‘三下乡’和‘四进社区’活动。高校要更加主动地与地方沟通，进一步明确实践服务的内容，根据需求选派相关专业的大学生组成团队，为群众办实事、做好事、解难事。当地团组织要在党政的领导和支持下，与有关部门协调配合，安排好活动的时间、地点和具体内容。活动所在单位要对大学生的表现作出鉴定。”

高校法学专业学生假期“送法下乡”普法活动是以高校法学专业学生为主体，利用假期进行的社会实践活动，它要求法学专业学生在假期要结合基层工作实际和群众要求，积极加入居住地普法队伍，开展节假日“送法下乡”活动，深入农村、社区，向群众宣讲法律知识，开展便民法律咨询活动，解答群众提出的法律疑难问题，引导群众通过法律方式维护自身合法权益，为基层依法治理作出积极贡献。同时，法科学子们通过这一活动，能够深入社会，了解中国法治建设状况，了解基层群众的法律意识、法律文化、法律观念，增加自身对社会的了解、对社会治理的了解，并在普法过程中巩固自己的法学专业知识，提高如何运用法律知识解决实际问题的能力，提高自身沟通能力、协调能力、口头表达能力、与群众交流交往能力等综合素质。

三、法学学科竞赛类课外实践教学活动

以培养学生专业综合能力为目的的法学学科竞赛类课外实践教学活动，通过学科竞赛巩固学生的法学专业知识，丰富学生的人文社会科学知识和自然科学知识，培养学生的法学综合素质。法学学科竞赛主要有法学理论、部门法知识竞赛，模拟法庭竞赛，法律写作大赛，模拟立法大赛等。

（一）法学理论、部门法知识竞赛

法学教育非常强调学生法学基本知识、基本理论、基本概念的掌握，为此，法学院系一般为法学低年级学生设立了旨在帮助学生巩固法学理论知识的课程知识竞赛活动，如法理学知识竞赛、民法学知识竞赛、刑法学知识竞赛等。这类学科竞赛活动一般由各法学院专业教研室组织，可以是同一年级的所有学生参加，也可以先进行班级预选赛，再由选拔出的学生参加学院组织的比赛。这类竞赛相对容易组织，目的明确，只是针对学生法律基本知识掌握情况的考查。当然也有法学院学生参加的全国范围内的“学宪法、讲宪法”活动，其中就有一个活动环节是宪法知识竞赛。

（二）模拟法庭竞赛

模拟法庭竞赛是法学类专业学科竞赛中最普遍，最能考查学生专业知识、实务技能、个人综合能力素质的一类竞赛，当然也是最能展示各法学院系教学水平的竞赛活动。目前，国内外法学院校模拟法庭（也包括模拟仲裁）竞赛相当普遍，其中国际模拟法庭竞赛主要有 Philip C. Jessup（杰赛普）国际法模拟法庭竞赛，这一赛事由“美国国际法学生联合会”（International Law Students Association，ILSA）主办，为纪念联合国国际法院知名法官杰赛普（Philip C. Jessup）先生而设，宗旨是在全球范围内推动对于国际公法的学习与研究，并通过模拟国际法庭审判来加强学生运用法律进行专业辩论的能力。此外还有 Willem C. Vis Moot 国际商事仲裁模拟仲裁庭辩论赛，该赛事于 1993 年在奥地利首都维也纳首次举办，是目前国际上规模最大的商事仲裁专业性辩论赛，分为在维也纳举办的 Willem C. Vis 国际商事仲裁模拟仲裁庭辩论赛和在中国香港举办的东方 Willem C. Vis 国际商事仲裁模拟仲裁庭辩论赛。大赛的宗旨是推动全球范围内对国际商事仲裁的学习与研究，提高参赛学生运用国际贸易法律法规解决相关争议的能力。

国内模拟法庭竞赛最有名的当数“理律杯”全国高校模拟法庭竞赛，它是由“理律杯”模拟法庭比赛组委会主办、台湾理律文教基金会协办的赛事。大赛的宗旨是促进法学院校之间的交流，提高法律专业学生处理实际法律事务的能力，为发现、培养出色的法律人才提供广阔舞台。

省级模拟法庭竞赛在全国各省份设置有很多，例如湖南省大学生模拟法庭竞赛就是一项举办比较成功、影响比较广泛的省级模拟法庭竞赛。它是由湖南省教育厅主办，面向全省全日制法学本科学生开展的学科竞赛活动，旨在强化高校法学专业实践教学环节，突出分析、解决法律实际问题的能力培养，促进省内法学院系之间的交流，展示湖湘法科学子风采和湖湘法学教育成果。

（三）法律写作大赛

法律写作大赛旨在促进法科学生的写作能力，增强法学学生的综合能力，引导法科学生将写作能力作为从事法律职业的重要基础，从而提高法治人才的培养质量。从法治人才及一般法律服务工作人员工作的内容和特点来看，无论是从事立法工作、执法工作、司法工作，还是律师、公证员、企业法务等法律职业，都不能离开法律写作。判决书、答辩状、法律意见书的撰写，是法律人写作能力的体现。人们通常说，欧美国家法官的一篇判决书就是一篇论文，在我国，法官的判决书也越来越强调其论证的充分性、说理的说服性。因此，笔者认为写作是法律人的基本素养，是创新型应用法治人才安身立命之本。诚如张新宝教授所言：“不会写，就出局。”

目前全国比较有影响力的法律写作大赛有由湖南大学主办的“全国法科学生写作大赛”，该赛事于2019年由湖南大学法学院发起并承办，比赛面向全国普通高校的在校法学专业本科生（包括港澳台），参赛学生在规定时间提供参赛作品，作品主要包括法学论文、案例评析和经典书评等三种类型，经过初赛、复赛两个阶段，选出优秀作品。复赛阶段学生要陈述作品，评审专家进行点评、提问，然后评委根据参赛作品和答辩情况进行打分评价。

（四）模拟立法大赛

模拟立法大赛由湘潭大学法学院于2022年首创，旨在克服其他法学学科竞赛容易造成学生形成偏狭立场观点的局限，引导学生从一个更加宏观的层面观察问题、分析问题、解决问题，从而获得更加丰富的成长成才体验和经验。比赛分两轮进行，第一轮比赛，主要由评委对学生提交的立法草案进行评审，评选优秀作品参加第二轮比赛。在复赛阶段，主要由参赛团队就其参赛作品进行演示和口头答辩，答辩的主要内容包括立法草案的合理性、立法提出解决问题的措施的可行性等。一般参赛团队在选定立法主题后都要经过扎实可靠的立法调研，查阅相关文献资料，借鉴一定的立法案例，然后汇集集体智慧，拟成立法草案。在这期间，学生的知识得到进一步巩固，通过走入社会、了解社会，发现社会问题，学生对社会的了解更加深入，对社会问题的认识更加深刻。同时，学生针对自己调研发现的问题进行立法解决，极大提升了他们作为新时代中国法治人才的使命担当意识。因此，这项赛事的开发对于培养新时代法治人才具有非常实用的价值，值得推广。

四、法学志愿服务类课外实践教学活动

大学生社会公益实践是服务社会的一种方式，也是大学生观察和研究

社会的途径。经由这一渠道，大学生把专业知识应用到社会服务之中，拓展了青年大学生的视野，也为社会公益事业带来了新的动力。大学生社会公益实践活动具有自愿性、社会性、利他性、学习性以及多方联动性等多重属性，体现了青年学子接触社会、参与社会、改善社会的良好愿望。“法乃公器，民为邦本。”法律是根植于社会的学科，法律的生命力在于它能服务人民、服务社会、服务国家、服务党。法律服务是由法律人来担当的，因此，培养法律人的爱心是非常必要的。高等法学教育要为培养有爱心、有服务精神的法律人提供路径。法科学生志愿服务活动是培养他们成为有爱心、有社会责任、有公益情怀的人的重要途径。

（一）关爱老人、关爱残障人士、关爱留守儿童

组织志愿者团队，利用节假日深入农村、社区、养老院、福利院等场所，看望老人、残障人士，与他们谈心交心，帮助他们解决一些力所能及的困难。利用假期，深入农村，为农村留守儿童义务支教。在这一过程帮助他人，发展自己，完善人格。

（二）公益法律援助活动

法科学生运用法律专业知识和技能，参与社会志愿服务，为农民工等社会困难群体提供公益法律援助。

第三节 法科学生课外实践教学活动的开展

高等法学教育的课外实践教学活动对法科学子综合素质的培养、提高具有十分重要的作用，可以说，法学教育的第一课堂帮助学生构建了专业知识体系，法学教育的第二课堂（课外实践教学活动）则造就了学生人格精神和走入社会、走上岗位的能力素养。但法学教育课外实践教学活动内容极为丰富，要让法科学生们在大学短短四年时间内参与大多数这类活

动，一方面时间不允许，另一方面精力上也做不到。因此，法科学生参与法学课外实践教学活动必须量力而行，根据综合素质、能力锻炼需要分类选择。一般要求法科学生在大学四年的学习期间，能静下心来一个学期听一次讲座，每学期能精读一本好书并参加一次读书会，大学期间能与同学组成一个团队，认真参加一次论文大赛，能选择一个好的主题，认真利用一个假期进行一次法治调研，能组织一个团队扎实进行一次下乡普法活动，能全程参加一次法律辩论赛或模拟法庭竞赛（或立法大赛，或法律写作大赛）等，并能在大学期间参加一次以上的志愿者服务活动。这样，我们的大学生活才过得有意义，我们才能真正在大学里成长成才。

一、听学术讲座的方法

学术讲座是学术的交流、思想的碰撞，是法科学子获取知识的好平台。听学术讲座首先要在思想上高度重视，心里要有预期目标，即通过听讲座我想知道什么，然后做好听讲座的前期准备。具体来说，听学术讲座一般要做好以下几个方面的工作：

第一，做好听学术讲座的前期工作。了解讲座的主题，了解主讲人的身份、学术背景、学术成就。然后查阅与学术讲座主题相关的研究资料，看研究者们对这个主题都提出了哪些观点，预测一下演讲者将会与大家交流什么样的观点和思想。

第二，认真听讲，做好笔记。要了解演讲者的思想、观点，认真听讲是必须的态度。要带着欣赏的态度听，带着享受的心态听。认真做好听讲笔记，边听边记。听学术报告如何做好笔记，中国人民大学冯玉军教授介绍的一种叫康奈尔（Cornell）笔记法很值得推广，即我们记笔记时，可以把笔记页分为两半，左边较窄一点，用作写标题、写问题，右边比较宽一点，用于写观点、写问题答案。

第三，边听边思考，积极参与交流互动。一般学术讲座演讲嘉宾都会设置一个与听众互动的学术交流环节，这是思想交流碰撞出新思想的一个好载体。法学学生要提高自己，就要在听讲座时积极参与其中，参与互动提问。

特别是要克服胆怯心理、怕人笑话的心理。可以在做听讲座准备阶段、查阅文献资料时就准备几个问题，也可以在边听边记笔记的时候提前准备好问题，这些问题可以是你对嘉宾观点的疑问，也可以是你在嘉宾观点的基础上更进一步的思考等。总之，要有敢提问题、敢与嘉宾交流的勇气，积极参与互动这个过程，参与“问题—回答”（Question-Answer）的过程。

第四，总结提高阶段。听完讲座后，静下心来，认真思考一下，我从本次讲座中收获了哪些知识，提高了哪些认识，学到了什么样的思考问题、解决问题的方法。这种反思对于提高自己很重要，是听学术讲座必须要经历的一个阶段。

二、组织读书会的方法

“读书会是一种培养学生科研能力、营造大学学术氛围、促进师生思想交流的重要形式”。[2] 读书会作为一种传统的学习方法，是一个自主、自助、自由、自悟的非正规学习团体。法学院的学生们在参加读书会的过程中，可以通过对某一本书的阅读，在相互分享读书心得的同时，相互交流思想，获得新的知识，激发新的思考，并在老师的指导下，解决思想困惑，提升人生高度。当然，对于高年级学生来说，参与读书会，也有利于形成学术共同体。

大学法学院的读书会的组织一般可以分为以下几个步骤：

第一，建立读书会组织。一个读书会一般由5~20人组成，其组织者一般就是读书会的发起者或创办人，负责选择阅读材料，招募成员，建立读书会内部机构，并拟定读书会章程。读书会一般由有读书爱好、喜欢表达思想的人自愿组成，组织里每个成员都是平等的。

第二，组织读书活动。读书会的主要活动是读书和交流，其中交流是在读书的基础上进行的。读什么书、怎么读、读的过程怎样做读书交流的准备这些因素是每个读书会成员在读书的时候必须清楚明了的。一般读书会活动一个月左右举行一次，每次都会由组织者布置阅读书目，要求会员们在规定时间读完，并准备交流发言材料。可供阅读的书目都是经典名著，如法国著名政治思想家托克维尔的《旧制度与大革命》、英国著名政治思想家约翰·洛克的《政府论》、分析实证主义法学家哈特的《法律的概念》等。

第三，进行读书交流。法学本科学生的读书交流既可以由读书会的成员一起交流，也可在老师或特约嘉宾的带领下一起交流。一般来说，如果只是组员内部的交流，其思想也会产生一定的碰撞，但思想的深度不会太高。如果是在老师或特约嘉宾的带领下进行交流，其思想的高度会随着老师或嘉宾的指导达到新的高度，给人的思想启迪也会更大。交流是读书会活动的高潮，同学与同学之间、同学与老师或嘉宾之间、老师（嘉宾）与老师（嘉宾）之间可以自由地表达自己的观点，分享自己读书的心得。

三、参加“挑战杯”等学术论文竞赛活动

大学生“挑战杯”学术论文竞赛活动一般以团体的名义参赛，要求参赛队伍要经过一定的调研，在调研基础上发现现实问题，并在对现实问题研究的基础上，撰写研究论文，然后提交论文参赛。

法学院组织法科学生参加“挑战杯”学术论文竞赛一般要做好以下几件事：

第一，从教师方面来说，一方面，法学院（或法学专业教研室）要组建一支相对优秀的指导老师团队，指导老师团队要有一些学术造诣较高的教授、副教授职称教师，当然也要有一定数量的年轻教师。指导老师团队要指导有意参加“挑战杯”等学术论文竞赛的同学认真选题、调研、查找文献、撰写论文、修改论文等，也就是说，要全程参与指导学生论文写作过程。另一方面，要根据学生兴趣在法学院（或法学专业教研室）组织4~8支队伍参加比赛，每支队伍人数一般不超过5人，每支队伍都要接受专门的教师指导团队进行指导，其中由教师指导团队特派1~2名指导教师为该支队伍的主要指导人。

第二，从学生的方面来说，学生一旦组建了团队参加学术论文大赛，就要全身心投入到比赛当中。一般一个学生团队应有1名主持人，他负责组织团队，带领团队一起行动。在参加“挑战杯”学术论文竞赛的过程

中，每个参赛团队都要在主持人的组织下认真选题。选题一般要选当时社会热点话题中的问题，并且是有一定的研究意义的问题，明确选题的目的，要么通过本课题的研究解决社会中某个难点问题，要么为某个问题的解决提供新的思路等。然后根据选题查找文献资料，如果需要进行调研以掌握第一手资料的，课题主持人就要利用寒暑假或“五一”“国庆”小长假组织课题组成员到农村、社区或工厂、企业等地进行社会调研。在掌握了一定的研究材料的基础上，开始构思论文的结构，并在老师的指导下，按“提出问题—分析问题—解决问题”的研究思路拟定论文结构。然后利用几周时间，全身心投入论文写作中，写成初稿，再修改……直到自己满意、指导老师基本满意，这才可以提交论文参赛。

第三，在竞赛过程中，参赛同学首先要有吃苦耐劳的精神。在进行社会调研过程中，同学们可能会深入交通不便的农村，进入乡间田野，条件相对艰苦，在人生地不熟的地方，我们要跟陌生人打交道，我们的调研也并不会一帆风顺，这就要求我们必须要有耐挫的精神，否则就不可能获得第一手的写作材料。同时，在论文写作过程中，我们会连续几个星期全身心地投入其中，其中的艰苦也自不待言，如果没有一定的坚持精神，没有一点不厌其烦的耐力，也是难以坚持下去的，或者也是难以获得好的成绩的。其次，参加“挑战杯”学术论文竞赛还要注意发挥指导老师的作用，因为毕竟指导老师们都还是经历过学术训练的，有一定的学术功底。因此，参赛组的队员们都要有虚心学习的态度，积极向指导老师们请教，并认真领会指导老师的指导，按照指导老师的指导参赛。

总之，参加“挑战杯”学术论文竞赛一定要学生与指导老师共同配合，并全身心投入其中，付出艰辛的努力才会获得成功。在大学法学院学习中，参加其他竞赛活动，大抵都应按照这种方法进行才能有所收获。

四、大学法科学生的社会调查活动的开展

（一）社会调查的含义和作用

所谓社会调查，是指应用科学方法，对特定的社会现象进行实地考

察，了解其发生的各种原因和相关联系，从而提出解决社会问题对策的活动。

大学生进行社会调查，对其成长成才具有十分重要的意义。

第一，大学生开展社会调查，可以通过走入社会、认识社会、了解社会，进而发现社会问题，分析社会问题产生的原因，提出解决社会问题的建议，增强社会责任感，形成浓郁的家国情怀。

第二，大学生开展社会调查，对锻炼大学生适应社会能力，提高大学生沟通能力、表达能力、实践能力、观察和分析问题的能力、进行决策思考的能力都有很大的帮助。

第三，对于大学法科学生而言，进行社会调查有利于塑造他们的创新能力和社会实践能力，是培养创新型应用法治人才和后备力量的最佳途径之一。

（二）社会调查的主要要素

社会调查主要包括以下要素：(1) 明确的调查目的；(2) 具有社会意义的调查对象；(3) 科学的调查方法；(4) 实际的调查效果。

（三）社会调查的开展

第一步，选题。根据当前国家经济形势和相关的方针政策，以及自己的兴趣和学识，并结合社会调查的要素特征，选定一个值得研究的问题，如小城镇建设、退耕还林等等。选题时应当采用必要的查阅文献资料、咨询相关老师等方法。

第二步，计划。紧扣选定的主题，参照相关资料，提出不同层次的问题，并确定系统的调查项目，比如说要研究小城镇建设的问题，就要提出其必要性和所需条件等问题，每个问题又包含了若干小问题。

第三步，设计指标。指标就是用一定的数量和单位来描述调查对象，如某地区的人口和人均收入等。要用各种数量指标和质量指标从各方面完整地揭示调查对象的本质特征，保证其纵向和横向的可比性。

第四步，拟定提纲。就是用提纲的形式将以上的准备确定下来，对所有提出的问题和项目加以精选，分清轻重缓急，使其系统、完整。

第五步，选择适当的调查方式和方法。

常用的调查方式有普遍调查（对调查对象的每个部分每个分子毫无遗漏地逐个调查）、典型调查（选择一个或若干个具有代表性的单位做全面、系统、周密的调查）、个案调查（对社会的某个个人、某个人群，或某个事件、某个单位所做的调查）。

常用的调查方法有问卷法（合理设计问卷，采用开放式、封闭式或混合式问卷收集信息）、文献法（通过书面材料、统计数据等文献对研究对象进行间接调查）、访问法（通过交谈获得资料）、观察法（现场观察，凭借感觉的印象搜集数据资料）。

第六步，培训与准备。请有关专家对调查人员进行必要的培训，包括调查态度和调查技能的培训。此外，还应该注意筹备必要的资金和物质条件，做好与被调查单位的接洽工作，并争取有关单位的支持，保证调查工作的顺利开展。

（四）社会调查应有的态度

第一，求益的态度：力求促进社会进步，解决社会问题，增进人民幸福。

第二，求实的态度：尊重客观事实，不“唯上”不“唯书”。

第三，求教的态度：眼睛向下，虚心向群众学习与求教。

（五）学会撰写调查报告

调查报告就是根据调查研究的成果写出来的正确反映客观事物及其规律的书面报告，它通常反映重大事件、新生事物、突出的典型、重要的经验和严重的问题。

调查报告一般具有社会性、针对性、真实性、典型性等特点。

调查报告的社会性是指调查报告作为时代的镜子，从各个不同的侧面客观地反映社会情况和问题，具有明显的社会功能。调查报告所总结的典型经验，对社会各方面具有指导意义；调查报告所揭露的问题对社会各方面具有警戒作用。调查报告作为一种来自社会的情况报告，能够比较客观地反映人民的愿望，能鼓舞人们克服前进道路上的各种困难，信心百倍地争取胜利。

调查报告的针对性是指调查报告总是针对某一种思想倾向、具体实践或实际问题而写作的，通过对客观事物的真实反映来表达作者的立场观点和思想倾向。作者反对什么、赞成什么在调查报告中泾渭分明，而不是模棱两可。

调查报告的真实性是指任何社会调查的目的都是为了了解客观实际，发现问题，解决问题，掌握规律。调查报告的生命在于用事实说话，材料的真实和准确是首要的。调查报告采用的材料应是经过科学处理和认真核实鉴别的，而不是道听途说的，是具体的，既有点又有面的，而不是抽象的。

调查报告的典型性是指调查报告具有典型事物的特性，典型事物最能反映一般事物的本质与规律，是为了解决某个问题、总结某项经验、研究事物的发展趋势而写作的，因此需要恰当的选择典型，并探索事物的发展规律，寻求解决矛盾的办法。

调查报告根据不同的分类标准，可以分为多种类型。例如根据调查对象反映的范围的不同，可以划分为概况调查报告和专题调查报告。

概况调查报告也叫综合调查报告或普遍调查报告，主要是围绕调查对象的基本状况而写的，对全部调查的结果进行比较全面而系统的反映。这类调查报告一般是就某一地区或单位而进行的，往往涉及政治、经济、文化、人口、地理、历史等各个方面的基本情况，对调查对象的发展变化、前因后果、来龙去脉作比较详细的交代。专题调查报告是围绕某个问题撰写的，可以是典型经验、专题情况、新生事物、历史事件或存在的问题等等，比如关于农村合作经济的调查、关于人才浪费的调查、关于个体商贩精神生活现状的调查等等。专题调查报告主题鲜明、材料具体、针对性强，具有很强的说服力。

又如根据调查对象反映的内容不同，可以分为总结经验的调查报告、反映情况的调查报告、揭露问题的调查报告。

总结经验的调查报告是对实践中涌现出来的具有普遍指导意义的典型经验而撰写的报告，它把实践过、感觉到、理解了的客观事物上升到理性认识，然后用以指导实践，一般在报刊或会议材料中用得较多。反映情况的调查报告对某一方面进行专题调查，为领导了解情况、研究问题、制定政策或计划提供依据，这种调查报告专题明确、材料集中具体、针对性强，有说服力。揭露问题的调查报告是用调查到的大量事实，揭露某一问题的要害，以引起人们的重视，达到弄清是非、教育群众、解决问题的目的。

还有根据调查目的的不同，可以分为理论研究型报告和实际建议型报告。

理论研究型报告是为了提出或补充或证实或证伪某个理论观点而写的，无论是资料的收集还是理论观点的提出和论证都特别讲究方法，是为科学研究服务的。实际建议型报告是针对事物调查研究后，为提出某种工作或政策建议而撰写的报告，大多属于专题报告，党政部门、各行各业都采用它。

撰写调查报告第一要确立调查报告主题。主题是调查报告的灵魂，是作者所要表达的基本思想。一篇调查报告是否有质量、有价值，能否引起人们的重视，其决定的因素就在于主题是否正确、深刻。主题要正确，要运用马克思主义的立场、观点和方法对客观事物进行深入细致、周密系统的调查研究，大量搜集资料，全面了解历史和现状，弄清事物的来龙去脉，能反映客观事物的本质规律，有积极的意义，这样的主题才是正确的主题。主题要新颖，有新意，即对某事物的调查研究能揭示出别人尚未研究或研究不深的问题，而且富有时代气息，或能从不同角度去研究同一对象。主题要鲜明，即所表达的基本意思应该十分明确，一目了然，毫不含糊，鲜明地表达出作者的是非和爱憎。主题要集中，即目的性要明确，内容要凝练，重点突出，围绕主题说深说透，而不能贪大求全、蜻蜓点水。

第二是要形成和提炼调查报告的主题。调查报告的主题是作者在长期的生活实践中逐步孕育而成的，是通过深入调查研究，从所获得的材料中分析归纳而产生的。作者往往被某些材料深深触动，得到启发，发现了它的社会意义，悟出了事物的本质，从而形成了鲜明的主题。

第三是材料的取舍。首先，要选择好材料，根据表现主题的需要来决定对材料的取舍，去掉那些与主题无关的次要的非本质的琐碎的材料，而选用那些能够真正反映事物本质和主流的材料。选材要注意材料的多样性，即既要选择现实的材料，又要选择历史的材料；既要选择正面的，又要选择反面的；既要书面的，又要数字的。其次，要对调查得来的资料进行认真的鉴别，就是对资料进行分析和比较研究，去伪存真，去粗取精。再次，要对调查材料作由此及彼的分析和研究，找出事物的内部联系和外部联系，体现事物之间的横向和纵向的、直接和间接的联系，体现事物发生的前因后果、来龙去脉。

第四是拟定调查报告提纲。拟定提纲就是要安排严谨妥当的结构。写作提纲有两种，条目提纲是从层次上列出调查报告的章节目，观点提纲是在此基础上列出各章节目所要叙述的观点。

第五是调查报告的撰写。（1）布局要恰当，结构要完整。调查报告没有固定的格式，应根据调查所得的材料，围绕主题，合理地安排结构。一般由三部分组成：一是开头，或称总提、引言，叙述调查的意义和目的、调查对象和范围、调查采取的方法及其过程等，文字尽可能少，简明扼要。二是主体，分章节陈述调查材料并有叙有议，是调查报告的正文。三是结尾，是结论和建议，也是调查报告的总结，可长可短，根据实际情况而定。三个部分的比重也不是一成不变的，主要根据内容的要求。

（2）常用的结构方式有：第一，纵式结构。主要是依照事物发生发展的顺序，按次叙述，阐明观点。第二，横式结构。根据基本经验或突出几个主要问题，分层阐述。第三，纵横交错结构。按内容部分之间的逻辑关系，分层次说明，篇幅长的可以用小标题，以清眉目、突出重点。

（3）要用观点统率材料，善于把观点与材料结合起来。用典型事例说明观点是最常用的方法，用概述材料概括表达观点能简要地介绍调查对象的概况，给人一个总印象，用对比材料阐明观点，能把问题说得具体深刻，用数据说明观点能增强调查报告的科学性和说服力。

（4）生动活泼，通俗易懂。要用广大群众易懂的语言，提倡通俗易懂的文风。摆事实讲道理，切忌滥用深奥的专业名词。

参考文献

[1] 全国干部培训教材编审指导委员会．建设社会主义法治国家[M]．北京：人民出版社、党建读物出版社，2019 年版，第 208 页．

[2] 邱昭继．读书会与法科学生科研能力的培养，载杨宗科主编．构建法治人才培养体系的探索与实践：西北政法大学法学教育研究论文精粹[M]．北京：北京大学出版社，2019 年版，第 437 页．

结 语

高等教育普及化时代的法学教育仍是“精英化教育”

2022 年 5 月 17 日，教育部新闻发布会正式宣布我国已建成世界上最大规模的高等教育体系，在学总人数达到 4430 万人，高等教育毛入学率已达 57.8%（2021 年统计数），我国高等教育已进入世界公认的普及化阶段。

高等教育普及化对于国家综合国力发展的意义自不待言，但高等教育普及化也给高等教育的人才培养质量提出了挑战。高等教育普及化意味着受过普通中等教育的绝大多数学生都有了接受高等教育的机会，高等学校新生录取的分数总体降低，生源质量总体水平下降。

高等教育普及化并没有消解大学人才培养的根本任务，“为谁培养人、培养什么人、怎样培养人”始终是教育的根本任务；同时高等教育普及化也没有降低人才培养的质量标准，让“学生忙起来、教师强起来、制度硬起来、质量高起来”已成为各级各类高校师生的普遍共识。

高等教育普及化时代，中国高等法学教育肩负着“为党育人、为国育才”的历史使命，肩负着为建设中国特色社会主义法治国家培养高质量法治人才及后备力量的历史任务。《法学类专业教学质量国家标准（2021 年版）》明确“法学类专业教育是素质教育和专业教育基础上的职业教育”。法学教育虽明确定位为职业教育，但它是专业化很强的职业教育，要求法科学生在毕业时能掌握系统的法律专业知识体系、广博的人文社会科学知识和自然科学知识；同时它也是素质要求很高的职业教育，法科学生应具有坚定的政治立场、高尚的道德情操、娴熟的职业技能、吃苦耐劳的工作态度……法科学生要走上“法律人”职场，还必须通过号称“天下第一考”的国家法律职业资格考试。因此，中国高等法学教育仍然是“精英化教育”。

在高等教育普及化的形势下，“精英化”的法学教育如何落地？

首先，要抓好教师的“教”。人才培养，关键在教师。要用习近平法治思想武装法学教师的头脑，不断深化法学教育综合改革，努力打造一支政治素质过硬、法学教育情怀浓郁、业务能力精湛、育人水平高超、专兼结合较好的法学教育师资队伍；要加强课堂教学改革，改革课堂教学方式，向课堂要效率，向教学要质量；要持续改进法学实践教学条件，为学生职业能力培养创造良好教学条件；要丰富法学学生课外实践教学活动，发挥第二课堂教学活动育人的重要助力作用。

其次，要抓好学生的“学”。法学学生初入校门之时，也许带着满腔的热血，立志学不成名终不休。但在法学院的学习中，法理的抽象，经常让学生听得有点云里雾里；部门法的枯燥、言辞严谨的法条，难以理解到位、精准记牢；心之所向的法院旁听，也没有想象中的那么精彩，法官、公诉人、律师（辩护人）呆板的表情和冷酷的面容，也打碎了他们在影视作品中对法官的睿智、公诉人的犀利、辩护人的出其不意的美好看法。随着时间的推移，法律学习变得干涩起来。但“精英化”的法学教育却要求法科学生们不管法律学习如何困难，也必须具有这样的学习态度：一是要有吃苦精神；二是要有长期坚持的精神；三是要耐得住寂寞、经得起诱惑。要学会主动学习、创新学习，不要只知死记硬背书本知识，却对制度后的历史、社会、法理一无所知；应该要成为一只学习中的“狼”，学会主动学习、创新学习。

再次，要做好协同育人“文章”。“精英化”的法治人才培养需要协调多方面力量共同发力。要充分利用地方法学教育资源，建立法学实践教育基地，依托国家“双千计划”，畅通高校和法律实务部门双向交流渠道，校地双方共同参与人才培养方案修订、共同设计课程体系、共同参与理论教学、共同指导实践教学、共同参与毕业论文指导、共同指导课外实践教学活动，走一条“高校+地方（法律实务部门）”协同育人的创新型应用法治人才及后备力量培养之路。

创新型应用法治人才及后备力量的培养是一个综合的系统工程，需要政府、高校、社会等各方面的协同配合，需要较长时间的训练和陶冶，更需要高校法学院人才培养工作的有效落实。对于法学教育者而言，法治人才的培养永远在路上！

主要参考文献

[1] 习近平．论坚持全面依法治国［M］．北京：中央文献出版社，2020年版.

[2] 中共中央文献研究室．习近平关于全面依法治国论述摘编［M］．北京：中央文献出版社，2015年版.

[3] 《习近平法治思想概论》编写组．习近平法治思想概论［M］．北京：高等教育出版社，2021年版.

[4] 教育部课题组．深入学习习近平关于教育的重要论述［M］．北京：人民出版社，2019年版.

[5] 王奇才．中国法学大事记（1978-2018）［M］．北京：法律出版社，2019年版.

[6] 孙晓楼．法律教育［M］．北京：中国政法大学出版社，2004年版.

[7] 霍宪丹．法律教育：从社会人到法律人的中国实践［M］．北京：中国政法大学出版社，2010年版.

[8] 曾宪义，王健，闫晓君．律学与法学：中国法律教育与法律学术的传统及其现代发展［M］．北京：中国人民大学出版社，2012年版.

[9] 王晨光．法学教育的宗旨［M］．北京：北京大学出版社，2016年版.

［10］ 冀祥德，赵元英，吕升运．法律教育学的新发展［M］．北京：中国社会科学出版社，2013 年版.

［11］ 中国法学会法学教育研究会．改革开放 40 年与中国法学教育发展［M］．北京：法律出版社，2019 年版.

［12］ 何勤华，唐波，戴莹等．法治队伍建设与人才培养［M］．上海：上海人民出版社，2016 年版.

［13］ 何勤华．西方法学史读本［M］．上海：上海交通大学出版社，2010 年版.

［14］ 桑磊．法学第一课：法科生指南［M］．北京：中国政法大学出版社，2020 年版.

［15］ 郑永流．法学野渡：写给法学院新生［M］．北京：中国人民大学出版社，2017 年版.

［16］ 郑永流．法律方法阶梯（第三版）［M］．北京：北京大学出版社，2019 年版.

［17］ 李贵连．二十世纪的中国法学［M］．北京：北京大学出版社，1998 年版.

［18］ 杨宗科．构建法治人才培养体系的探索与实践：西北政法大学法学教育研究论文精粹［M］．北京：北京大学出版社，2019 年版.

［19］ 洪浩．法治理想与精英教育——中外法学教育制度比较研究［M］．北京：北京大学出版社，2005 年版.

［20］ 肖永平．法律学习与研究方法［M］．武汉：武汉大学出版社，2012 年版.

［21］ 陈少文．写给法科生的信［M］．北京：中国法制出版社，2018 年版.

［22］ 齐恩平．法学教育改革与探索：天商法学教育改革研究［M］．北京：中国政法大学出版社，2015 年版.

［23］ 蒋志如．法律职业与法学教育之张力问题研究——以美国为参照的思考［M］．北京：法律出版社，2012 年版.

[24] 单晓华，韩涛．卓越法律人才教育培养模式与实现路径研究［M］．北京：知识产权出版社，2015 年版．

[25] 唐波，张毅，张丽君，等．上海需要怎样的法学教育［M］．上海：上海人民出版社，2016 年版．

[26] 唐波，张毅，杜东东，等．法学实践教育模式研究与创新［M］．上海：上海人民出版社，2020 年版．

[27] 刘坤轮．法学教育与法律职业衔接问题研究［M］．北京：中国人民大学出版社，2009 年版．

[28] 袁博．传统法律教育与诊所式法律教育［M］．北京：中国政法大学出版社，2014 年版．

[29] 韩丽纮．现代科技视野下的法律及法律教育［M］．北京：知识产权出版社，2010 年版．

[30] 刘佳．法律教育学［M］．北京：社会科学文献出版社，2012 年版．

[31] 胡晓进．自由的天性——十九世纪美国的律师与法学院［M］．北京：中国政法大学出版社，2014 年版．

[32] 张海斌．法律教育的未来：国别区域法律教育动态［M］．北京：法律出版社，2020 年版．

[33] 肖立梅．法律论辩训练［M］．北京：中国政法大学出版社，2015 年版．

[34] 程汉大，李培锋．英国司法制度史［M］．北京：清华大学出版社，2007 年版．

[35] 贺卫方．中国法律教育之路［M］．北京：中国政法大学出版社，1997 年版．

[36] 汤能松，张蕴华，王清云，等．探索的轨迹——中国法学教育发展史略［M］．北京：法律出版社，1995 年版．

[37] 瞿同祖．中国法律与中国社会［M］．北京：商务印书馆，2010 年版．

［38］ 王健．中国近代的法律教育［M］．北京：中国政法大学出版社，2001 年版．
［39］ ［美］理查德·波斯纳．法官如何思考［M］．北京：北京大学出版社，2009 年版．
［40］ ［美］邓肯·肯尼迪．法律教育与等级制度的再生产：法学院教育体系的批评［M］．北京：中国政法大学出版社，2012 年版．
［41］ ［美］劳伦斯·弗里德曼．二十世纪美国法律史［M］．北京：北京大学出版社，2016 年版．
［42］ ［美］伯纳德·施瓦茨．美国法律史［M］．北京：法律出版社，2011 年版．
［43］ ［美］罗伯特·N. 威尔金．法律职业的精神［M］．北京：北京大学出版社，2013 年版．
［44］ ［美］特蕾西·E. 乔治，［美］苏珊娜·雪莉．到法学院学什么［M］．北京：北京大学出版社，2014 年版．
［45］ 苏力．法学本科教育的研究和思考［J］．比较法研究，1996（02）：145-167.
［46］ 贺卫方．认真地对待法律教育（代引言）［J］．比较法研究，1996（02）：113-115.
［47］ 方流芳．中国法学教育观察［J］．比较法研究，1996（02）：116-144.
［48］ 徐中起．关于法学教育改革的几个问题［J］．中外法学，1996（03）：57-59.
［49］ 王振民．略论法学教育与法律职业［J］．中国法学，1996（05）：92-96.
［50］ 李红云．高等法学教育改革研讨会会议纪要［J］．中外法学，1996（02）：52-54.
［51］ 李龙．论中国法学教育的改革［J］．中国法学，1997（06）：57-61.
［52］ 单文华．我国法学本科教育若干问题探讨［J］．社会科学研究，

1998（05）：65-69.

[53] 21世纪法学教育暨国际法学院校长研讨会综述［J］. 政法论坛，1999（04）：120-128.

[54] 李龙，邝少明. 中国法学教育百年回眸［J］. 现代法学，1999（06）：3-8.

[55] 周汉华. 法律教育的双重性与中国法律教育改革［J］. 比较法研究，2000（04）：389-406.

[56] 吴汉东. 法学教育发展的历史轨迹与中国道路［J］. 中国大学教学，2016（01）：14-15+25.

[57] 李化德. 英国的法学教育［J］. 现代法学，1996（06）：115-120.

[58] 何荣华. 牛津大学导师制对我国法学教育的启示——基于卓越法律人才培养目标的视角［J］. 学术论坛，2015，38（10）：176-180.

[59] 郭艳利. 美、英、德、日法律职业教育的比较及启示［J］. 中国法学教育研究，2013（03）：63-79.

[60] 廖益新，舒细麟. 英国法律职业人才培养模式对我国的启示［J］. 现代法学，2004（05）：174-181.

[61] 丁凌华，赖锦盛. 中国法学教育的历史及其反思［J］. 华东政法大学学报，2007（04）：128-131.

[62] 朱立恒. 中国法学教育改革的基本思路［J］. 法学杂志，2008（01）：108-111.

[63] 苏力. 当下中国法学教育的两项根本任务［J］. 中国大学教学，2008（02）：24-25+16.

[64] 苏力. 中国法律技能教育的制度分析［J］. 法学家，2008（02）：30-39.

[65] 曾宪义. 中国法学教育辉煌三十年［J］. 中国法律（中英文版），2008（3）：6.

[66] 方流芳. 追问法学教育［J］. 中国法学，2008（06）：14-21.

[67] 何志鹏，高宇，徐晓. 对当代中国法学教育的反思与展望——中国

法学教育 2008 年年会综述 [J]. 当代法学，2008（06）：152-155.
[68] 司春燕. 新中国法学教育 60 年的历程考察与展望 [J]. 中国石油大学学报（社会科学版），2009，25（05）：12-15.
[69] 彭凤莲. 论大学法律教育的目的 [J]. 内蒙古师范大学学报（教育科学版），2010，23（05）：71-76.
[70] 韩大元. 中国法学教育面临新的挑战 [J]. 法制资讯，2011（05）：5.
[71] 江兴国. 关于改革高等法学教育制度的思考 [J]. 中外法学，1996（02）：50-51.
[72] 韩慧.19 世纪英国大学法律教育的开展 [J]. 政法论丛，2013（03）：52-58.
[73] 韩慧.19 世纪英国法律教育改革及其意义探究 [J]. 理论学刊，2008（02）：90-94.
[74] 韩慧. 英国律师学院法律教育探究 [J]. 济南大学学报（社会科学版），2008（04）：84-89+92.
[75] 韩慧. 英国现代法律教育模式探析 [J]. 山东师范大学学报（人文社会科学版），2011，56（01）：138-142.
[76] 马慧娟，陶思宇，严励. 中英两国法学本科教育之比较——以北京大学和剑桥大学为代表 [J]. 云南师范大学学报（哲学社会科学版），2006（06）：90-95.
[77] 何勤华. 当代德国的法律教育 [J]. 河南省政法管理干部学院学报，2000（04）：63-69.
[78] 韩赤风. 当代德国法学教育及其启示 [J]. 比较法研究，2004（01）：113-126.
[79] 史广龙，张文婷，邵长茂. 当代中国德国法学教育的现状、反思与展望 [J]. 德国研究，2006（03）：44-48+79.
[80] 管火明. 德国法律职业人才的培养途径和教学模式 [J]. 中国司法，2007（04）：105-107.

[81] 欧阳芬．德国法学教育改革最新动向［J］．德国研究，2003（03）：65-68+80.

[82] 李道刚．德国法学教育述评［J］．甘肃政法学院学报，2005（05）：125-130+142.

[83] 王立中．德国法学教育特点概述［J］．国际社会与经济，1996（04）：26-28.

[84] 邵建东．德国法学教育制度及其对我们的启示［J］．法学论坛，2002（01）：98-103.

[85] 邵建东．德国法学教育制度漫谈［J］．南京大学法律评论，1996（02）：180-183.

[86] 左菁．论德国法学教育改革与最新立法［J］．教育教学论坛，2016（05）：86-89.

[87] 种若静．试论德国司法考试与法学教育的协调统一［J］．中国司法，2007（10）：102-105.

[88] 艾尔肯．依法治国背景下美国法学教育对我国的启示与借鉴［J］．河北法学，2016，34（06）：2-15.

后 记

十多年法学教育的实践和教学管理工作使我对法学人才的培养问题一直比较关注，其间虽也写了一些有关教学改革方面的文章，但因每每是发现一个问题，就提起兴趣写一点，自然不成体系。自 2018 年承担了湖南省教育体制改革试点项目“地方本科院校培养创新型法治人才的综合改革试点”以来，我就萌发了系统地对法学人才培养工作作一探索的想法，并很快付诸实施。在研究的过程中，2021 年我又申请了湖南省新文科研究与改革实践项目“以学科交叉融合和校地合作为途径的创新型法治人才培养体系探索”，于是我更是加紧了对这一问题的研究。

法治人才培养是一个庞大的系统工程，以我之能力对这么一个宏大的问题进行研究探索，困难很多，也曾忐忑不安。幸蒙导师、同事、朋友们的帮助、支持，现在，拙作终于完成，总算松了一口气。

感谢我的博士生导师刘益灯教授，老师曾是中南大学法学院副院长，法学教育经验非常丰富。本书写作过程中，老师将其从事法学教育、法学教育管理的经验倾心相授，并在学术上为我提供指导，他的帮助是我努力完成本书的强大支撑。

感谢邵阳学院教务处、科技处为本书的出版提供帮助，感谢邵阳学院法商学院的同事们为本书写作不断提供灵感和素材，特别感谢内人对本书写作的支持。

本书在写作过程中，参考了国内外同行学者们的一些研究成果，在此，我深表谢意，如有疏漏，未注明之处，恳请谅解。

张先友

2022 年 5 月 22 日

图书在版编目（CIP）数据

地方本科院校培养创新型应用法治人才的探索 / 张先友著 . -- 湘潭 : 湘潭大学出版社， 2022.10
ISBN 978-7-5687-0949-1

Ⅰ . ①地… Ⅱ . ①张… Ⅲ . ①地方高校－法律－人才培养－研究－中国 Ⅳ . ① D92-4

中国版本图书馆 CIP 数据核字（2022）第 234950 号

地方本科院校培养创新型应用法治人才的探索

DIFANG BENKE YUANXIAO PEIYANG CHUANGXINXING YINGYONG FAZHI RENCAI DE TANSUO

张先友 著

责任编辑：丁立松　陈秀红
封面设计：清　清
出版发行：湘潭大学出版社
社　　址：湖南省湘潭大学工程训练大楼
电　　话：0731-58298960 0731-58298966（传真）
邮　　编：411105
网　　址：http://press.xtu.edu.cn/
印　　刷：长沙创峰印务有限公司
经　　销：湖南省新华书店
开　　本：710 mm×1000 mm 1/16
印　　张：14.25
字　　数：219 千字
版　　次：2022 年 10 月第 1 版
印　　次：2022 年 10 月第 1 次印刷
书　　号：ISBN 978-7-5687-0949-1
定　　价：58.00 元